笑纳人间烟火

仇欣健——著

文汇出版社

图书在版编目（CIP）数据

笑纳人间烟火 / 仇欣健著. -- 上海：文汇出版社,2022.10
　ISBN 978-7-5496-3887-1

Ⅰ.①笑… Ⅱ.①仇… Ⅲ.①散文集－中国－当代
Ⅳ.① I267

中国版本图书馆 CIP 数据核字 (2022) 第172347号

笑纳人间烟火

作　　者 / 仇欣健
责任编辑 / 鲍广丽
装帧设计 / 仇欣健

出版发行 / 文匯出版社
　　　　　上海市威海路755号　邮政编码：200041
印刷装订 / 上海丽佳制版印刷有限公司
版　　次 / 2022年10月第1版
印　　次 / 2022年10月第1次印刷
开　　本 / 889×1194　1/32
字　　数 / 110千
印　　张 / 7.5

ISBN 978-7-5496-3887-1
定　　价 / 58.00元

一个变声男孩的心语（代序）

徐向东

《笑纳人间烟火》，书名大气，小小年纪，胸怀坦荡，让人眼睛一亮。作者自己设计的封面、封底，寥寥数笔，勾画出书名内涵，新颖别致。

每一篇散文后面都配有作者创作的插图，图文并茂，别具一格！

几十幅摄影作品，收内蒙古满洲里雄踞草原之大气，纳江苏启东面向海洋之胸怀，献欧亚美澳苍穹大地之秀美。

作者多才多艺，能给社会奉献如此作品，可贺可嘉！

这就是我，一个读了一辈子书，搞了一辈子教学，写了一辈子文章，大半辈子都在指导学生写作的古稀老人，在初读本书时发出的一连串感叹!

在反复阅读《笑纳人间烟火》后，有了更多的感触，它还有两个十分难得的亮点：

1. 变声男孩的内心自白，引起我共鸣。
2. 真实朴素的中学生语言，让人喜爱。

想起了在20世纪60年代初正在读初中的我，当时，自己正处于男孩变声期，遇到许许多多的困惑，就请语文老师推荐一本写中学生的长篇小说读一读，得到的回答是："有写小学生，也有写大学生的，就是没有见过写中学生的！"

对中学生来说，本书多少可以解惑一二。

只有经历过变声期的人，才算成人。仇欣健同学的《笑纳人间烟火》，写的就是他读小学六年级至高中一年级时期的所做，所见，所闻，所思。一个变声期男孩的喜怒哀乐，惊恐忧虑，悲欢离合，跃然纸上。《六年匆匆》《再别康桥》《在送别中见真》等，读来身临其境，感同身受。

更加难能可贵的是语言真实朴素，童真可爱。人们反对"学生腔"，反对的是已经走上社会的学生仍然"书生气"十足。仇欣健同学写的是中小学生活,用的就是中小学生的话儿,从文章题目就可见一斑:《青春相片》《下雨天要撑伞》《在寻找,在迷失》《双鱼舞》,等等,童真童趣,实话实说,真情流露,亲切感人。读来引发共鸣,爱不释手。

仇欣健同学出身在建筑世家,建筑艺术是人类三大艺术中最古老最厚重的艺术,其母亲是一位中学教师。在家传和家人的熏陶下,仇欣健从小对艺术情有独钟,好绘画、摄影,好作文、吟诗,对光学物理感兴趣。这一切,为本书的创作打下了基础。

尽管本书思想不那么深刻,对事物的看法不那么全面,一些表述不那么准确,摄影作品也比较稚嫩,但是,瑕不掩瑜,仍然值得一读!

2022年9月26日于上海

徐向东,江苏启东人,海军大校,政治工作学副教授、中文教授,公文学研究员,军事语言学学科带头人,研究生导师,全军院校语文教育专家组成员,中国军事写作研究会理事,中华教育艺术家协会理事。

目录

青春漫笔　　1

油菜花田里	3
草原时光里	12
六年匆匆	22
再别康桥	28
在送别中见真	40
琴声里俯瞰	47
爆竹声声	67
珍珠项链的影子	76
泰晤士河畔	82
久违的阳光真暖	100
今天的晚霞真美	105
青春相片	112
圣诞礼物	119
下雨天要撑伞	127
在寻找，在迷失	140
双鱼舞	150
笑纳人间烟火	161

时光留影 167

青 — 春 — 漫 — 笔

油菜花田里

春天来了,眼前又是一片油菜花。

刚到,兴冲冲地,沿着浅浅的沟,踩着和着干燥薪草的泥,到了油菜花田。油菜花比上周长得更旺盛,菜花间刻意留出的小道显得更加狭窄。

我凑近看,仍有许多花,躲在黄绿色的花苞里,但是远远看去,已经是金黄一片了。沿着被花海淹没的小道向更深处走去。花粉在衣服上留下了斑斑的黄点,阳光下,很安静,偶有鸡啼打破了宁静,惊起田野里的麻雀,拍打着翅膀,扑棱,飞上河堤的电线杆上。

一切的生机在阳光里显得很安静,我久久地杵在油菜花丛里，脑海里涌起一片金色的浪花……

小时候，每次清明都会回少直乡——我妈妈的老家。那时油菜花开得正旺，在驱车的路上，看到每家每户多多少少都播种了些油菜，春天遍地是星星点点的花黄。电话里，外公催妈妈加快速度，外公说他们那里的人早就准备好上坟扫墓。驱车的路上，爸爸妈妈一直在聊天，有时两人拌个嘴，最后妈妈还是被爸爸求和的搞笑模样弄得哈哈大笑。路边的油菜花田似乎没有断过，或许你会问为什么我这般清楚，那是因为我脱了鞋，完全地横着躺在后排座位上静静地看着窗外，只要车还没到家，我就不起身一直欣赏这春光。

四周早已脱去了原始小镇的样貌，远远看去，大多是瓦片作为屋顶，独立的小房子。

拐弯抹角，看到少直的牌子，往里走，好像有很多条路可走。乡里的路纵横交错，但是井井有条，条条路似乎都可通罗马。两个村间有一条浅浅的沟，直到现在还有人去沟里钓鱼，老渔夫侥幸也能钓到几条，有的人在沟里还埋下了龙虾网、螃蟹网。虽然沟也不算清澈，但很自然，不然怎么孕育了两岸生生不息的乡人？

左侧是沟，右侧是参差的屋子，有的早已从矮矮的瓦房变成了小别墅一样的屋子，外婆家就是那双层的水泥结构小楼。沿着常走的那条路，会路过舅公家，舅公是外婆的弟弟，小婆的哥哥，那间屋子是他们小时候的家。大屋子的旁边有间堆满了柴草、破败不堪的瓦房子，裸露的泥土中挤出金色的油菜花蕊，在微风里显得摇摇欲坠的样子。这屋子是外婆曾经经营的小店，妈妈时常和我掠起那间屋子，她说那间屋子好亲切，大半个童年都有这小店的影子，现在这破瓦房很久很久没用过了，它当初那般鲜活的样子我只有从外婆和妈妈的故事里听出一二。

往前走啊走，不远处过了座小桥，第二户人家就是外婆家。

此时，舅公舅婆也赶到外婆家，外公把成堆叠好的黄纸分给爸妈，外公那面的亲人也都到了。大人们一行人去扫墓了，我的太奶奶，外公的妈妈，就坐在家门口的麦秆子扎成的躺椅上，陪陪当时幼小的我。我和太奶奶很要好，太奶奶超级健康，就是耳朵不好使，只有家人喊大声点才听得见。我不太会说家乡话，常是普通话和家乡话杂糅在一起，羞涩于大声地说出来，怕闹出什么笑话，所以我不常和太奶奶说话，但是我们练成了动一下眼神，表演一下动作，彼此就心领神会。太奶奶当时似乎仍是健步如飞，她总要从自己家里掏出三亲六姑送给她的小吃分享给我，我很是欣喜，没有推辞，和太奶奶一起吃了起来。当时家里的楼下没装电视，我就借妈妈手机和太奶奶一起看动画片，虽说太爷爷是有点文化的地方父母官，但是太奶奶因为家中贫寒，只认识几个字，就颇为喜欢同那个年代小人书相仿的东西，比如动画片一类。

清明时节，虽不是雨纷纷，但感觉湿漉漉的，爆竹声此起彼伏，都是从远远的那片墓地传来的。

一次偶然的机会，我也加入了扫墓的队伍，爆竹声不是以往的那种从天边传来的，而是在身边作响。当时亲眼看了他们扫墓的过程，不像葬礼一样哭喊声一片，但是每个人都是肃穆的、安静的。我记得太爷爷的墓碑在河边，那次以后就没再去，都是留在家里陪太奶奶，记忆有些模糊，但是可以肯定旁边也有一片片金黄的油菜花田，墓地也显得不是那么恐怖冷清。外公在太爷爷的墓上摆了包子，每个包子都很匀称。倒了一壶小酒。紧接着，许多亲戚陆续跪在毛毡布上磕头，看了就会，轮到我却感到自己没有大人磕得标准。大家都跪拜好了，外公就收了包子。开始烧他们赶工好几天的纸钱，清明前，外婆闲暇时分就是忙着折纸元宝。我总是感觉他们这样很没意义，但是墨守成规也是对故人的敬意吧，也是一种血液里无法割舍的思念。其实，若逝去的人们真有在天之灵，真的像老人所说的那样去了美好的天堂，我想他们更期望自己的后人永远记住自己，记住自己以往的付出，记住自己的模样，记住自己与他们无数美好的往事。

说罢，清明真的是湿漉漉的。

在很小时候，乡下和我年纪相近的孩子很少。我很熟悉的一个哥哥，比我大挺多，还有一个女孩，和我年纪相仿。每次回到乡下，会想起他们，总吵着去找他们。当时哥哥是在读初中吧，瘦瘦的，没戴眼镜，记忆里的样子他一直笑着，眼睛眯得很小，很是精神。遇到了，就会分享给我新鲜的游戏。记忆太模糊了，只记得竹林里、河边，还有油菜花田里隐隐约约、似曾相识的影子。后来很长一段时间没见到他，再后来长大了，变得忙碌起来，就没有再主动找过他，那些往事也随之褪了颜色。最近一次见到他，是在家中办的小宴上，他已经上了高中，戴上了眼镜，脸上是羞涩与淡然。而我似乎也是这样，满脸的疲惫与淡然，心里想的是还没完成的作业，面对着许多曾经熟悉的亲戚，却不知怎么称呼，只有尴尬地笑笑。

还有那个女孩子，时常来我外公家里画画，因为我们是同年级的，虽然不是同一个学校，但学的内容相同，妈妈就让我们一起预习语文。二三年级书里都是一些小诗，刚开始换牙的她，漏风的音调，说不清，很是好笑。后来长大了，周末很少回乡下去。现在啊，听乡下邻里间的闲聊，说她体育出色，被保送到城里的一个学校。也很久没见了。

许多鲜活的样子仿佛只有过去才能拥有，多年后，鲜艳的颜色都褪成了灰白。留下的只是隐隐约约，让人向往的记忆……

妈妈在喊我，我从金色的浪花里惊醒了过来。

妈妈说，她该和我去接在小姑婆家的太奶奶，我惊喜万分，兴冲冲地踩过油菜花田里刻意留出的那条小道，往家跑。

路过邻里家的院子，晒着不知名的菜，像是喂羊的草。阿婆在屋前的水池边洗菜，似乎在准备提早的晚餐。院里的阿公探出头来，向妈妈招呼，说我又长高了，我应了声，害羞地向前跑了一阵。一路上，邻里向我们的问候就没有间断过，星星点点的油菜也没断过，虫鸣、水声、鸟叫也没有断过。很快就到了小姑婆家，亲戚很客气，留着太奶奶，不愿她走，可太奶奶却早已扶着墙从屋里拿了帽子，缓缓地走出来，示意我和妈妈推轮椅，小姑婆无奈，笑了笑让她随我们去吧。妈妈推着太奶奶沿着那条浅浅的沟，向家里去。

在乡里，只有那些还没上学的孩子是空闲的，有时小姨的孩子从城里回到乡下，到我家来玩，面对着他简单、重复的游戏，对于长大了的我来说感到无趣。还小的弟弟不会跳绳，还要抢过我的绳子，在手里摆弄着、甩着。有时，他们会捣乱，弄得水花四溅，有时无辜地嚷嚷着，瞪着大大的眼睛，满是渴望，时而惊呼，时而发呆，让人捉摸不透。看着他们的样子，我总想起自己的童年，自己也是这般幼稚，吵着要年轻的小姨陪我，他们或许同我现在的感觉一样，面对年幼无知的孩子，感到无聊，但是那时候的小姨没有觉得厌烦，带我四处转。所以我总想，不厌其烦地陪着小姨他们的孩子，就是对他们那群曾守护着我童年的人最好的回馈吧。

  我揉了揉弟弟的脸，抱着他，听着羊的啼叫，走向金色的浪花，走进那片熟悉的油菜花田里。那片油菜花田里，藏着无数人金色的童年。

草原时光里

是十年前,因为跟随爷爷的企业,所以家里许多人都离开家乡,去了内蒙古。我也出生在那里。

记得小时候每个夏天,内蒙古是我最常去的地方。

内蒙古满洲里,大草原的一颗明珠,有许多街,在我们家的对面是北湖公园,一个让我永远不会忘却的地方。公园与马路相通,里面的设施很简单,很平常,除了旋转木马和秋千是我最常玩的,就没别的了。

而我认为奇特的是那片湖,从右侧小树林里的人行道向前走去,便可看见一片湖水,从树林中穿出,沿着河堤走，水并不是特别清澈，但是波光粼粼。

特别是在有风的日子，水面就很美，在一些看似码头的小平台上有着许多钓鱼人，箩筐里的鱼很多，有些很大。

风可以吹起人的衣衫，耳畔回荡的是水的声音。

湖是圆形的，不大，十多分钟便可从这边到那边。

在那边有个小食店，很文艺的样子。在四年级时，妈妈总会带我去那里看书，然后点上一份鱼柳，蘸上沙茶酱和柠檬汁，吃起来十分清爽，让人回味许久。

若回到最初的地方，向左走，在河堤边走，可以走到影院，影院的门在巷子里，很小又破败，在门前有一个圣女的雕像，落满了灰。坐电梯上楼才是影院，里面的设施并不破败，但也很普通。

我想起一次和爸妈去看《画皮》，接受不了恐怖的场景，便在门口待着，检票的哥哥陪我聊天，还教我跳街舞。我学得有模有样，妈妈说我学什么都学得快。我和家里许多人都去影院看过电影，记忆最深刻的是有一年的夏天和姐姐一起去看的《小时代》，那时我只记得顾里、林萧、南湘、唐宛如等的分分合合，以及郭敬明唯美的文字。

在家的附近有许多小店。

有着留言簿的咖啡店，我很喜欢一个客人画的荷花。有手绘作品、特色卡片和书籍的内蒙古印象画廊……火锅和烤肉都不错的老店，爸爸常带朋友和家人一起去吃。

我们的家是在一个大院里的第二层，里面有许多房间，包括爷爷和公司员工的办公室。妈妈说当我还是婴儿时，她和外婆经常在爷爷的办公室桌上摆了个澡盆帮我沐浴，阳光透过窗户正好照射到桌面上，很暖和。妈妈说我第一次滑入水中时好紧张，用粉嘟嘟的小手紧紧攥住外婆前面的衣襟。哈，当然那办公区域再往里便是我们的生活区，爷爷奶奶、大伯大婶、爸爸妈妈、姐姐和我一共有四个房间。

家里很普通，但很温馨，阳光可以挤满整个房间。

满洲里的天很晚才黑，我们总是敞开着门，直到深夜才闭门就寝。

在这个熟悉的地方,姐姐和她同学线上聊天到深夜,我闲来无事就让奶奶把姐姐几年前的书从床底拿出来躺床上看,看到好词好句忍不住拿笔圈圈画画,我对文学的喜爱也许就是在这闲暇的时光里培养出来的吧。

我和姐姐的生日都在农历八月初,所以我们一起过生日,互相送礼物,吹灭会放出音乐的荷花形蜡烛。曾几何时,一切美好的画面涌上心头。

有时,我望着晴朗的夜空,认为每个时间点都是一个世界,而我们穿梭在无数个世界里,过去的一直在重演,未来的或许命中注定。

我家旁边有许多条街道,有条街我常去,因为那边有一家文具店,里面的文具卖得很便宜,我从家乡带来的文具用完了,便到这里买。还有一条街上有一座大雕像,是一只熊猫和白熊拉着手,我明白这是中国和俄罗斯友谊的象征。在这条街上有许多俄罗斯特色餐厅,我很喜欢冰激凌面包的口感。

在满洲里小城里,开车不远穿过一个花团锦簇的环形车道，就可向城市更深处走去，通向我常去的游泳馆和空中花园，通向有海豹的餐厅，还有蒙古包样式的牛羊肉西域餐厅，也通向最吸引人的套娃广场。

众所周知，套娃是西域风情的特色。天色渐暗，当人们由大门口的十二生肖走到大套娃下方，彩灯闪烁，也能听到奇幻的音乐，让人感到无处不洋溢着异国情调，又不失中国风的壮美。一种奇妙又特别的感觉从内心迸发出来，成为夜空里五彩的光辉。

很晚，不知是哪次，驱车回家的路上，碰到了喷泉，我高兴地冲到其中，衣服被打得湿透。

夜晚的满洲里，真的是华灯璀璨，每一幢大楼都是金色的，无论在车里，还是漫步街头，都会被这一天中最美的风景所折服。回到家边的北湖公园。广场上跳舞的人们随着音乐戛然而止纷纷散去，每个人脸上都是金色的。中央只留一个衣着光鲜、妆容浓厚、陶醉于自我的舞人，伴着继续响起的音乐声依然在广场上激情四射地扭着腰，跨着猫步舞动着。通过别人的议论，我知道了她无助不堪的过去……生活的压抑将一个人压垮，甚至疯狂，就这样浪迹江湖。

或许每个人都有自己内心的轻狂吧，只是还没等到绽放的时机。

满洲里是一个现代化的发展中城市，若要看它，不可不了解整个内蒙古。记忆犹新的，是一次和家里人去草原，记忆中，我和家人一起搭帐篷。那片草地，好像被沙化，裸露出灰白的沙土，我再想想，那里又像是草原里湖的堤岸。许多都模糊不清，但总记得我穿着小姨的鞋，戴着她的帽子，眼睛里那不羁的神态。我还记得草原蒙古包前的那抹彩虹，空气是湿漉漉的，依然带着一丝泥土的芬芳。

我喜欢坐车里，在草原里狭长的公路上看风景。在远处总有牧人同马化为光影一直在互动。在他们的更深处有山，或可说是连绵的坡。坡上依稀可见的风车在风的吹拂下依然白得纤尘不染，琼楼玉宇，彩旗庙宇一个一个与我们相错，一个一个远去。

小时候，很喜欢去扎区。它同满洲里一样，混杂着现代气息。在斜阳下，我总和小公、小婆停在广场边的超市外，看着昏黄的日色下跳广场舞的人。到了傍晚，我最喜欢的变色彩灯便在地摊儿里闪烁。每个人亲切的呢喃或是问候，都在幼小的心房里埋下了爱的种子。

若有朋友来这儿游玩，我们一定会去额尔古纳的湿地，从清晨就开始了旅行，山路是陡峭的，是颠簸的，尤其是坐在车尾的人更有深切的体验。一眼望去，芳草如茵。漫步于其中，则有雨露沾衣，前面的游人被小坡遮掩，后面的旅人被碧草遮掩，天地间仿佛你我不相逢，只是有一条狭长的木栈道，由你自己向彼岸走去，又在人生之路上慢慢品味。

额尔古纳也有白桦林，依然是木质的梯台。小时候偶然发现松鼠，惊喜万分，在林间嚷嚷，满是欢声笑语，穿的是件绿衣服，在自然的映衬下显得柔和不突兀。

若说要踏入浪漫的内蒙古，那就必定说的是室韦，那里依山傍水，遥遥相对的就是俄罗斯。在那里，记忆最深的，莫过于当地的民宿。

记忆最初的民宿是在一条小径的转角处，是一排小矮房。下车走进大院里头，映入眼帘的是一架木秋千。屋舍里同旅馆相像，有吃早茶的地方，也有就寝的房间，小时候常常喜欢和小朋友住在一起，倚在床边。因为没有大人，我们或是望着星空或是看电视，直到深夜，幸亏我们还算收敛，也很快入睡，但总是悄悄地打算着凌晨起床，即使到了凌晨，没有一个人能摆脱蒙眬的睡意，但在起床时总会说多早多早就醒来了。最初的记忆是稚气未脱的，同样也是模糊的。或许是许多年吧，我们来室韦都会来此居住。附近的小店都刻在我的心房，那俄罗斯油画，那森林狼的标本，那醉醺醺的牛肉串和喷香的火锅。

冥冥间，总会感觉到山肴野蔌的味道。在一个特殊的日子，我们住在了邻边的另一家民宿，是个巨大的木屋子，餐点依旧，而房间显得格外独特。依然是与同伴一起，四周总会飘着木头的香气，在夜晚到大堂里走走，闪着灯的鱼缸边是跳跃着草灰的火炉，柜台上同每家每户一样，都是嘴含金币的玉蛙或是招财猫。

重新回到起点。我的家，清晨总有豆浆和饼，下午奶奶的房间总是最亮堂的。傍晚，斜阳下的街道有跳跃的鸟儿，夜晚的满洲里是金光闪闪的，整座楼都好像包围着琥珀琉璃,树也挥洒出金色。直到深夜,纷纷睡去。

  生活里似乎一切都不曾错过。我们享受着一切美好,跨越在纷繁的时光里,坐车游山玩水,到达所期盼的地方。有时候,有一个决定,一坚持就是许多年,直到鬓白之时,发现了时光的痕迹,但是又在异乡打造了最美的记忆。我们就是这样,记忆活在了草原的时光里,跳跃在草原的时光里。

六年匆匆

泡在夏天的浴缸里，总是幻想着将要到来的小学生活，花洒里冲下的水由肩背流向肘子。在水中留下了圆晕，一圈一圈。六年会有多长？脑海里总是浮现着幼儿园老师边弹钢琴边叮嘱："你们戴上了红领巾，要记得回来看老师哟。"

二○一一年的九月一日，我第一次走进了启东实验小学。那天我穿着天蓝色的帆船背心，拉着妈妈的手胆怯地在校园里走着，四处张望寻找一（7）班的踪影。有学长提示："走过水上的长廊，看见一幅抓鱼的图向左转，再走一段路，就到了。"走进教室，一眼就看到了幼儿园的同学，靠近随便找了个位置坐下。老师一进来，就领我们走到操场上，让六年级的学生为我们戴上在孩子幼小心中圣洁的红领巾，国歌齐奏，我们是少先队员了。

老师让大家排好队，两两拉好手，参观校园。

秋走过了校园。石阶上都是星星点点的桂花花瓣，风吹过，是沁人的香味。有时，泛黄的树叶在空中起舞，是梧桐的叶子，过了很久终于落了下来，掉在水洼里，最后又统统被清洁工扫到道路的两边。记得有许多女生带了小瓶子，摘了桂花悄悄地塞在瓶子里，然后鼻子嗅嗅，露出很满意的表情。有的男生，在地上捏起一撮掉落的桂花，向天空一撒，花落四处。

有一次，在家里找到一年级时的日记本，翻着翻着，落出一片干透的黄色叶子，不是梧桐，不是银杏，是认不出来的那种再普通不过的叶子。与过去的时光不期而遇，很是惊喜，我想这叶子多半就是那天老师带大家参观时捡来的吧。

寒假后的开学，有时是二月，有时是三月，但是暑假后的开学总是九月，秋天太阳的光芒透过栏杆、花草，在课桌上留下了影子。秋日的愁情使人烦躁，连绵的细雨使落叶憔悴，可欢乐的我们依然在雨中奔跑，毫无目标却一脸庄重地排坐在坑坑洼洼的橡胶跑道上。看着学长学姐们路过，向前，他们来也匆匆，去也匆匆。

桂花，花开花落，一下子便是六年。好像是在三四年级的时候，学校在一个池塘里放了一个鸭子的窝。从那以后，校园里总会有鸭子在奏乐。学校有许多小池塘，池塘边是一圈蓝色的台阶，有很多人就踩在台阶上，双手张开保持平衡，一步一步，故作胆战心惊。许多年过去了，有些人能十分大胆地在那窄窄的台阶上跑起来。那些被我们抓来又放生的西瓜虫还在那个草丛里吗？花坛里的四叶草是否真的带来了好运？是在四年级吧，四个好朋友机缘巧合坐在一起，座位一前一后组成了"闪电"的模样，我们就笑称为"闪电小组"。六年级的时候，大家在小树林里发现了一只死去的猫，上体育课时，大家就开始谴责起伤害猫的恶人，有人摘了桂花远远地抛在猫的尸体上，说是期望猫咪能到天堂去。

因为年龄比同学们小一岁，所以我从没想过当班长。四年级时，在同桌的再三鼓动下，才斗胆参加竞选班长，可因为同我一起上讲台的那个同学，说出了许多同学的心里话，比如"要公平，不要包庇"等，收获了许多好评与赞许。大多数人都选了她，我也心悦诚服地选了她。当时没有副班长之说，什么都没当上，依旧守着课代表的职位，但是有了一种对于班长一职的渴望。

在五年级又参加了竞选，可是因为对手说了什么笑话，让我们都大笑起来，突然感觉自己时机未到，仍未做好充分准备。这次似乎又是大多数人选了他，我内心并没心悦诚服，对结果充满期待但又隐隐担心……也许是老师对我的鼓励，这一次配了位副班长，于是我就当上了副班长。

六年级，我终于做了充分的准备，还郑重其事地写了竞选演讲稿，最后如愿以偿。

操场到底有多长，只有量过的人才知道；池塘的冰有多冷，只有浸过的人才知道；短暂的午后有多着急，只有迟到的人才知道；学校的人流有多快，只有来过的人才知道。

很快，我们就走散了，像是桂花飘零。来年的九月，枝头长出了新的桂花，重新给校园带来了桂花香，虽然不是过往属于我们的香气，芬芳却是相似的。

六年时间花开花落，一朵一朵，六年不长。

再别康桥

初一学年快结束的时候,我受半年之前所在的华东康桥学校的邀请,说是拍一张结业合照(国际学校的学生流动性比较大,每一个学年都会有学生转进转出)。这件事对当时的我来说是梦寐以求的,虽然我对那片土地充满了矛盾,但经历了一学期体制内严苛的教学,我总是把那片土地——康桥,视作我心里一片带有慰藉作用的净土。

一年前,跨踏了很久,最后选了康桥,但这里的康桥英译过来不是 Cambridge,只是校长取了这个词罢了。

  第二天的清晨，阳光透过纱帘，将温暖洒在窗前，阳光像水一般，在地上留下波纹的模样。依然是在妈妈的叫唤声中醒来，穿上了新的校服，和自己买的口边有三条杠的海军式袜子。可以说是兴高采烈、激动万分，在地上转了个圈，每次开学初都是那般感觉，更不用说是开学第一天。在租的房子里吃完了早餐，就赶到学校去。

  班级里没有认识的人，就静静地翻开了自己的本子，发着呆，手不停地涂涂画画，心里没在想什么。秋天本应吹去了夏天的燥热，但是那天怪是燥热。老师带我们一行人去操场参加开学典礼，在烈日下煎熬了很久，就裹挟着热烘烘的味道回到教室去。不认识什么人，就跟随着人流前去。路过一条狭长的小道，两侧都是矮矮的灌木。突然，后面有人喊我的名字，我应声转过头去，见到是两个陌生的同学，我心里揣测起来。他们说我本来是要参加在暑期的那个班级，可后来没去，但他们对我名字却很熟悉了。我笑了笑，感到一见如故的亲切。

*

在开学初,老师就悄悄说让我做班长,我受宠若惊。我建议她说:"再等等,等到下周进行一次选举,让大家投票选班长。"老师同意了,我早早地精心准备了演讲稿。(选举补充)选举结果,顺理成章,我成了班长。当时我们互不相识,这一结果,或许也因我当时的一片用心罢了。

*

感觉没有什么科目很难,很轻松的样子,记忆犹新的只有游泳课。

差不多距离游泳馆五米就可以闻到淡淡消毒水的气味,再近些,就会是一股脑儿的热气。开始不知怎么,是胆怯还是真的感冒了,好几次找到托词没下水。但后来感觉请假很尴尬,就在一个放晴的日子,换了鞋子,挤过嘈杂的更衣室,去了泳池那里。大家先是进行了热身,在喧闹的音乐里做着并不标准的动作,看见有几个调皮的男生,你戳戳我的背,我回击你的屁股，有的女生羞红了脸，把尴尬的眼神都藏在了黑色的泳镜背后。

终于到了要下水的时候，我不怕水，但是看着密密麻麻的人，就感觉拥挤不堪，莫名有了恐惧，生怕前一个人蹬一个蛙腿，就会把我踢得鼻青脸肿。从岸上下了泳池，水花溅起在阳光下折射出彩虹。水很清澈。那些自由泳的同学，弄得水花四溅，在午后阳光照耀下，水花犹似晶亮的钻石纷纷落下，浪花，此起彼伏。泳池里不是安静的，满池都是拍打水的声音，偶尔有人尖叫了一下，笑得我呛了一口水，然后水花又进了眼睛里，害我揉了半天。

感觉游了没多久就要上岸了，大家匆匆赶去了浴室，等了很久才冲了澡，用浴巾敷衍地擦了两下，穿上裤子，一溜烟就跑了。

虽然谁都不可以随随便便从学校里逃出去，也没人能从校外闯进来，但是校外马路边的桂花香却悄悄地溜了进来。于是，逐渐有了秋天的感觉。

*

老师说两周后就是校园诗歌朗诵比赛，以班级为单位表演。因为我们学校名字就是康桥，这让我和副班长很快想起了徐志摩的《再别康桥》。虽然说大家刚相聚此地，就要谈告别感觉有些别扭，但还是义无反顾选定了这个。

我被老师安排做领诵，任务是要单独完成前两句的诵读。当时，我总是把一切老师给予的任务都视为天赐良机，是不可错过的。我小心翼翼地开启了练习。虽然对语法和难词并不熟络，但我一向对自己的发音表示满意。当我向英语老师自信地、饱含着我所认为的深情读起来，可当我刚读完第一个单词"quietly"时就被老师叫停了。不知是因为我"用力"过分，总是在读"t"音卷舌时，把"t"和"ly"读得爆破，最后形成了"呲"的声响，这并不好听。老师说要把"t"和"ly"分开得明显些，这样才能更接近地道的朗诵读法。我的心脏自动接了一杯冷水，浇灭了焦躁。把所谓的情感先放置一边，跟着老师把音都纠准了。纠正读音很快，接下来分析情感及其表达，我不仅要自己领悟，还要指导同学排练。于是，这短短的几个句子，就花了我和老师整个午饭的时间。

"Very quietly I take my leave
As quietly as I came here;
Quietly I wave good-bye
To the rosy clouds in the western sky."

我承载着老师的期许和满满自信,就在傍晚和同学开启了排练。一开始还有个同学看着过分精致的辞藻在中途笑场,嚷嚷道为什么不用些朴实的句子。班里一个常保持严肃的女生,用手肘碰了他一下,说:"新月派诗歌就是这样,不要无知地嚷嚷了,快彩排。"他尴尬得脸红,默默低下骄傲的头。总体来说,效果很不错,仅仅十分钟大家都进入了一种"离愁别绪"。星辉斑斓围绕着我们,我们是那些想要放声歌唱,却又不能歌唱的人。

*

秋天,总有隐隐的伤感,有的人心情随着落叶从树梢飘到了地上,秋雨把树梢上的叶子都冲没了,不过,雨停后露出的斜阳真的是慰藉心灵。干燥的泥土被雨水冲得很湿润，就好比眼角的泪水。四处都是潮潮的，一不小心就滑了一跤，满身都是泥土。

新同学们褪去了开始的陌生感，许多人仗着学校可以使用电脑，拉帮结派，偷偷摸摸违反校规。有的人想玩电脑，就待在教室的角落，而有的就像放哨一般偷窥着值勤的老师。不久后，他们换了岗位，又周而复始。这样的配合，现在想想真好笑。我总是学着老师的样子叫他们收敛，记录下他们的"罪状"，或是喋喋不休地劝说。可按剧情的发展，他们自然不会收敛，三番五次，我萌发了疾恶如仇的心理。

没过多久，我就与那帮人结下了深仇。就好比一部斗智斗勇的电影，他们好像天生就是无间道的演员，什么都做得出来，如经典的穿插卧底，挑拨离间。一个和我关系尚好的朋友也被拉入了他们的阵营。在慌乱的午后，树枝被压得很低，很沉。许多人，拉帮结派，说我暴政，似乎又要罢免我。就在幼稚的岁月里，矫揉造作。后来他们真的申请成功，再次选举。

在选举时，我似乎也是害怕了，感到没了什么期待，似乎又很累了，但又因为曾经为班级付出得太多，突然地被否定，又感到了一丝不甘。但是希望的烛火摇曳在凉风里，很快就熄灭了。我也没有什么悲伤了，只是觉得恍惚和迷茫。在竞选时，我对几个同我一样疾恶如仇，或是左右矛盾的朋友说，就选他们吧。就算仍有几个人选我，但是票数很低，原因不言而喻。

这次结局，不像普通电影一样，一波三折，最终皆大欢喜，而是告一段落，终成悲剧。

*

短暂的半年里，发生了无数繁杂的小事。虽然是悲伤的基调，但是也交了不少知心的朋友。由于我的妈妈终于明确了目标，想真正在上海发展，而并非倚在上海一角的昆山。从上海家往返昆山的出租房，疲惫的旅程也让大家都没了兴致。对她来说是很坚定的事情，但对我来说是非常犹豫不决。

放假后，因为飓风和过年，没有在上海久留。放学了，就挤在人流里，和爸妈收拾完出租屋里的东西，把闪烁着时间斑驳的大包小包挪到车子里。然后就回老家了，我脱了鞋，还是那双三条杠海军样式的袜子。我躺在车子里，开在隧道里车辆拖出晕眩的留影。在车的颠簸里思来想去，感慨有些遗憾，还没和很多人告别，也没有什么告别仪式。离开的时候，没有人放歌，夏虫也为我沉默，沉默是今晚的康桥。

*

因为要尽快融入新环境，我也被逼迫不去留恋。被压抑了一个学期，当听说被许可回到康桥校园参加结业典礼，我刚下课就迅速整装待发。

那里什么都没变，在校园门口就可以闻到游泳池的特殊气息。树丛点点隐在错落的屋间，我也听到了朋友的呼唤。他们从老远就追来见我，就算只相隔了半年的时间，但依旧有种时隔春秋的感觉，大家样貌改变很大，可能这就是青春期独特之处。当时的纠纷很少有人提起，大家都笑盈盈的。我感觉被到处散发的温柔和怀恋灌醉了，记忆都揉碎在浮藻间，脑海里涌动的是晚霞和彩虹似的梦。拍完合照，我感觉什么都没做，也没有和挚友聊得不亦乐乎。

我只是看了看曾经的课桌，曾经的柜子，曾经的教室，操场的晚霞，送走一批批放假回家的学生。熙熙攘攘。最后学着徐志摩，我用一首《再别康桥》结束了难忘的日子。

    我犹豫地走了，
    正如我犹豫地来。
    我强忍着微笑，
    抹去离别的灰霾。

    那巍巍的古树，
    是时光记忆的里程。
    那纯情的热泪，
    揪起我心灵的伤痛。

    行游书香海洋，
    乐此不疲得好似执迷不悟，
    俯瞰，
    流连于树木葱茏心无旁骛。

闪烁的星光霓虹,
好似仙境,又如在画中游,
彷徨的黄昏里,
好想关上夜灯重逢几多愁。

声声碎语,
换来的是绝望与无能,
不妨停下,
享受属于我最后的梦。

或许,时光不老,
我们就永远连心,友谊不散,
但时光变化无常,
无情得让我们月缺花残。

我犹豫地走了,
正如我犹豫地来。
我抹去了泪痕,
就任我随风摇摆。

在送别中见真

小泽老师，高中预科班的语文老师，也是带我们短暂三个月的班主任。

他同我们谈心时，讲到过他的一个选择：应该怎么面对我们。要么平淡地对待我们，他作为老师，行进在他的轨道上，我们作为学生，行进在我们的轨道上。我们只是遥遥错过，只是萍水相逢，分别了，就不会有眷恋，只是平常心地重新开始。要么热情地对待我们，视我们为珍宝，师生的轨道相交，心灵碰撞在一起，擦出生活的火花。若是离别，内心的余热散不尽，充满感激与喜悦，对过去好是眷恋，面对离别后崭新的世界猝不及防，惊慌失措。

小泽老师选了后者。这一选择注定落下的后遗症也逐渐显现。

高一正式开学了，我们这个暑期预备班级就被拆散了。朋友们零落到不同的班级里，小泽老师也离开我们，继续他在另一个校区高二的授课工作。

如今的我们，努力去回想到底是什么让我们这么眷恋这段旧时光，具体的，我们也说不上来，但就是回想起来，暖暖的，那么几个气场相投的人会聚一堂，很久没见着这天选一般的搭配。我们不想分别，我们就想懒洋洋地活在这个熟悉的圈子里。享受着老师的关心，享受着同学间的亲切感。

不少人向往着过去的时光，希望回到过去，仍然是那一间熟悉的教室，仍然是那一套熟悉的课程，仍然能看到午后黑板上的涂鸦，仍然纠结在上等人还是下等人的争吵里，仍然大声喊着说着 realization 地久天长。但，谁也都回不去，没本事回去了。有的人死了心，向前走去，认识起新的人，做起了新的事。

新生活开始了，但是有很多变化，许多朋友不在一间教室了，心里很别扭。连曾经很烦人的班里的斗嘴声，也都没了，一时间觉得空空的。教室虽然仍然是拥拥挤挤的，低头学习时，仍然是黑压压的头发，但那种陌生与冰冷总是徘徊在教室里。

就算我们都明白，天下没有不散的宴席，但并不是所有人都想从梦境的蒙眬里清醒，许多人甚至愤恨起新人来，以及新事，总觉得是新的赶走了旧的，是新人把我们拆散了，把我们从蒙眬里摇醒。而我就站在这一列队伍中。

一个夜晚，很多人都放学走散了，只剩下班里打扫的四人，有两人是我在预科班的同学，如今必然是那种相依为命般的挚友，另一人是我们眼里新鲜的人。我们合作完成了打扫，偶然撞见到了一个预科班的同班同学，他是个颇为风趣的黑客，如今他变成了我们隔壁班的同学。我们戏说不如让他把我们现在教室的电脑黑了吧。三人一同拉他前去，他也愿意，说自己在新的班级也受到了委屈。我同两个熟人颇有兴致地看黑客摆弄起电脑，我们不是因为搞破坏而扬扬得意，而是从中感到了过去的感觉，好像仍在那个班级里生活，那个班级里的电脑是被黑客入侵的，时不时弹出一些文字，黑白的代码与窗口间留下了无数碎片但记忆犹新的小故事。

我们是颇有兴致的，而那个新同学似乎有一些担心，他弱弱地问道："这会影响我们电视的使用吗？"我们回答不会（真的不会有多大影响）。新同学放心地松了口气。

后来，我不再吭声，心里一颤，然后就催大家赶紧回家吧，天色不早了。

那个新同学在大家心里留下的形象是顽皮的，也是淘气的。但他似乎有强烈的团体荣誉感，他不想属于自己班级的东西被破坏，他似乎走入了新的班级。

后来从和他的聊天里，知道他因为认全了班级里的人而很高兴。而我，却谁都不熟悉，下课就走向其他班级寻找我熟悉的人们。我还曾问过他是否对过去很是眷恋，他说不会，因为他并不喜欢之前的同学，但他其实还是有个十分眷恋的朋友，可他从未想过回到过去，以逃避赤裸裸陌生的当下，甚至对未来满是期待。

而我们呢，活在过去的朦胧里，活在自己的幼稚里。好几次走错到原来的教室里。

小泽老师说他自己感到挺心酸的，但也是在意料之中的。毕竟他在许许多多人心里太好了，就算有人不会煽情，嘴里说着阴阳怪气的话，但心里也很喜欢他。

我们知道他带给我们这么美好的温馨，就是让我们变得自信起来。但是我们却无法带着这份自信向明天走去，只能沉沦在过去的温暖与自信里。我们很抱歉。

当然，一周过去了，我们也被迫融入了新的班级，同时被喂了满口新的温暖与喜悦，受宠若惊。我们早就预测到，我们的倔强与做作过了一周也继续不了了，时间把我们推入了本不想接受的世界。我们在这新世界里开始了新生活，逐渐没了抱怨，逐渐没了偏见，逐渐感恩起来，逐渐走出了舒适圈，逐渐摆脱了朦胧的梦境。

一个晚上，是个认识的心理老师监督晚自习，我们和她申请是否可以小组讨论，她说可以，但要去楼下自习室讨论。我们只是个小讨论，其实不用大费周折赶去楼下，我问老师，我们可不可以在走廊里小声完成，然后就回班级去。老师说不可以，我回应她说在 prep school（预科班）时可以啊。

她看着我们,笑着说,现在不是 prep school 啦,你们长成高一的大孩子啦。是呀,我们长大了,很多都是过去时了。不必纠结在过去的梦境里,手里攥着过去的美好,为明天奋斗吧。

有时我们会有淡淡忧伤,怕是前路难,人陌生。但是我想,相遇总是在九月,九月总会遇见了解你的人,遇见喜欢你的人,"莫愁前路无知己,天下谁人不识君"啊。

琴声里俯瞰

在初二末的管乐课上,老师总是跟我们说,没剩多少节课了。是啊,时间好快,我已经学了三个学期萨克斯了,其间接连换了三次老师。

因为说了三年的校园演奏会似乎不会如期而至,再加上中考将至,这让我们在最后一节课上根本无心演奏。我对指法已经不再熟悉,复习带来的困顿让我对音乐没有任何的渴望,同学们也是这样。我所看到的都是残缺的哨片,还有金色脖管上被唾沫侵蚀的淡淡锈渍,还有被人偷偷带到这里的往年中考一模二模的真题考卷。老师高谈阔论了一番音乐的美妙无穷,又强调了一下对于别离的种种不舍。看到我们依然无动于衷，他叫来了管乐楼的主任。主任是一个烫小波浪卷发型的中年女性，眼角沉淀的青色眼线更是给她增加了威严感。我们都怕她，虽然她的说辞都是温柔的，但神情却总是可以吓唬到心虚的人。老师和主任的呵斥完毕后是一番煽情，不知道大家是真的被说服了，还是只是从众。当一个人提起来萨克斯，陆续一排提起萨克斯，后来几乎是全部的人都托起萨克斯，唇齿和笛头产生共鸣，再嗡嗡鸣奏出乐曲，虽然有些蹒跚学步的样子，但至少这次没人滥竽充数。

在嘈杂声音里，我好像走回到第一次来尚德的时候。

在驱车赶去学校的路上，我没有一直抱怨，因为我的说辞只能是螳臂当车。再过三十分钟就回到学校，二十分钟，十分钟，五分钟。车子停在了校门口的停车场。我就好像萎缩成一个一年级刚入学的小孩子，对未知充满了试探性的防御。我左手紧张地拉着书包上的带子，右手攥着崭新的红领巾。

通往教学楼的小路上是一片迎客的气球，我看着它们饱满圆润的躯体和颜色感到的不是欣喜,而是陌生和害怕。我觉得它们并不是在迎接我,而是好奇地打量着我这个新鲜的人。我看到一群群学生都穿着校服,无论高矮胖瘦都挤在同样的颜色里、同样的款式里。彼时,我的便装就显得格格不入。

果真,到了教室我被叫停在外面。老师要求我穿好校服再进去。我环顾四周,无助地看了看我的爸妈。

等了很久,我拿到了校服,然后跑到厕所的隔间里试穿起衣服。先套上衬衫,雪白的衬衫有一股崭新的布料气味。我把衬衫塞进裤子里,再接着外面套一件外衣。我重新系好红领巾,就和大家看起来一样了。

刚到教室里,大家都在背书。他们似乎对考点非常了解,而我就只能和金属展板里反射的自己面面相觑。老师的突然询问,让我猝不及防:"你怎么没有看每周一诗呢?"我毫无对策,只好说:"马上就看。"然后赶紧瞥向隔壁的同学,悄悄翻到语文书的那页。

看来,就算我穿上了和大家一样的衣服,我依旧不属于这里。

早自习中,我三番五次地想要逃走,幻想着"勇敢"

冲出教室的门，从某一个楼道跑出去，再跑到停车场，然后回家。当然这很不现实，本我和超我都在脑海里说教着我，我的汗水止不住往下流。这正值春天。

课间，老师暂时离开了教室，大家恢复了一线生机，有些人开始分享起假期趣事。后面有人拍了拍我，和我打了招呼，虽然我记不得究竟是谁，因为当时我对大家的面孔很不熟悉。可能因为字写得比较好看，课间便有许多同学簇拥在我的身边。我不甚惊喜，幻想着和大家成为朋友等诸如此类的向往。

铃声响起，把我拉回了现实。我们吹的《Auld Lang Syne》，是苏格兰民曲，在国内常被叫作"友谊地久天长"。或许是大家的技巧都还不赖，就算很久一段时间没有好好练习，但依旧能听出个节奏。也可能大家触景生情，那些金色管道里迸发的舞动音符让人愈加起劲。我忍不住环顾四周，想起来当时刚入学的幻想，有多少成真了，又有多少只是幻想。我踩着音符走在梦幻泡影组成的云彩里，又向过去回望。

因为开学摸底考试没有考好，吃完饭，阳光依然耀眼，班主任将我叫到办公室。因为摸底考试的事情，挨了一顿数落后，我便沮丧地走出来，眼眶里是酸涩的，是湿润的。

这是第一次被老师批评，与过往的反差，让我感到不快，甚至愤恨。

在与别人的言谈中，我十句话九句不离过去的样态。我总是讲述着我当班长的经历，总是夹杂着对于现状的讽刺与后悔。这就导致很多人逐渐把我当作怪人，讽刺地嘲笑我在作文里的无病呻吟。他们听腻了我的重复和痴情。有时我躲着哭泣，抱怨着，无奈着。我真没想到被窝成了唯一可以救赎我的空间，只有在这里我可以独处，从而隔绝一些悲伤，屏气凝神，安定下心态。

自从第一次单元考试成绩比我那后桌的高了不少后，他就说这都是我的侥幸，并且处处都贬低我。一次，不小心把水溅到了他放在地上晾着的雨伞，他就要求我道歉。我说并不是故意的，但他们就是锱铢必较，摆出侦探的模样指责我的动机。他们用急促的音调渲染着情绪，最后，一个平时对我不错的同学也被他们拉入伙。他们就把几个小水花夸大成这样的事，我忍不住了，但无力反驳，脑海里翻动着无数打斗的模样，但反思现实我怎么有能力一下子把他们全部打趴下呢；脑海里涌动着无数骂战的情景，但反思现实一张嘴怎么可敌无数的唾沫星子。我只好忍气吞声，不情愿地把错误都包揽在自身。我看着月亮匍匐前进，还是不甘心忍气吞声，至少我不希望失去那个平日都很关照我的朋友。

在黑暗里，借着微弱的月光，用水彩颜料在纸上晕染出颜色，再用铅笔，写下我的抱歉和困惑，又写下对于自己的介绍，写尽了自己的身份与内心独白。在信里，我说要成为一辈子的朋友，就让我们用耐心来认识彼此吧。在陌生的地方，我最想的是让别人认识自己。我所说的"认识"，不是了解名字和年龄这般肤浅，认识是了解、体谅，明白别人的想法、习惯、三观。痛苦的防御机制让我一下子就写了很多，从我的小学生活说到我为什么选择这个学校，还有我的班长经历，一页两页，直到月亮消失在我视野的盲点，然后我就晕倒在梦里。

梦里是一阵萨克斯的音乐，但后来发现是真实的萨克斯。那是早上宿舍叫早的铃声。

开学季后，迎来了我人生第一次管乐课，可当时我还不了解应该选哪种乐器，单簧管、长笛、萨克斯，琳琅满目。我没有考虑我适合哪个，只是在几个热情的朋友的推荐下，选择了萨克斯。在他们的推推搡搡下，我就到了管乐楼主任的办公室里选定了乐器，并买了萨克斯。主任说由于校园管乐演奏会就快开始，她认为我作为初学者肯定需要额外的培训才可以赶上大家的进度。于是她就帮我在周三的中午安排了一节一对一的私教课。

管乐老师，确切说是我们的第一任管乐老师，是个年轻温柔，非常受欢迎的人。他似乎是校园生活里的另一大救赎，他不了解我因为学习成绩挣扎的痛苦，他只了解我刚来学校对这里并不熟悉。他教课很耐心，这也让我对萨克斯饶有兴致。当我大概了解了萨克斯的指法后，就开始练习吐气和发声。一开始我完全找不到技巧，要么就是使出浑身解数都无法发出声音，要么就是一不小心发出磅礴的噪声，把我俩吓了一跳。可他完全没有指责，也不期望急于求成。他一直鼓励我，直到我可以准确发出一个音，陆续发出来多个和谐的音符，他就欣喜地夸我乐感好。

我依稀记得我最先练习的曲目是《雪绒花》，花了几周的练习，我差不多可以得心应手了。作曲者的主旨是抒发一种追求幸福的坚毅情感，"雪绒花，雪绒花……"老师总是在我吹时伴唱。我想成为雪绒花，小而白，洁而亮，就算我在一些方面经历失意，那也不能放下我的洁白，我也想在山巅绽放。我很喜欢这首曲目，在家里也会忍不住组装起萨克斯，在爸妈面前表演一番。我的心态在萨克斯琴声里逐渐好转起来，我也不再具有开学时那种"怀旧"的心理，我开始学会包容，逐渐走进班集体中。

在一个同学的生日时，他说我可以参加他的生日派对，当时我并没有立即答应。但后来，在他先邀请后又委婉的托词中，我不明白他的意图。在他生日那天，我总认为自己应参加，可没有他的微信。妈妈想办法要到他父亲的电话，一番沟通，他父亲的语气是非常热情的，我决定参加。好不容易从自己刚买的几本本子里挑出了一些，又将它们包装起来，就兴冲冲地去了。

开始一切安好，可到吃饭时，一个同学抱怨我是新生，怎么可以这么快加入他们几个挚友的群体中。过生日的同学显得无奈，左右为难。我尴尬不已，下午搪塞几句离开了他们的派对。我想，他们是一个根深蒂固的"团伙"吧。

可我又一次次想起，在上学第一天，他们借我红笔，他们教我英语题目，他们说没考好是没适应，他们说我字好看成绩一定好等话语，他们邀请我一起吹管乐，我就一次一次心软。

我对陌生的世界充满了好奇，却又非常抗拒，在不满中遭受着一切厄运。但在时间的长河里，我发现一些老师对我很好，我很喜欢他们，以及他们教的学科。而在与同学的相处中，我禁不住自己暂时的卑微，习惯不了人与人之间的排斥，我像一个局外人看着在老师背后班级里的一些钩心斗角。我在人群中听过他们在背后议论,谈的无论是成绩好的还是坏的,是卑微的还是强势的。我只是默默放在了心里,从不参与议论,暗自下决心我还要回到强者的位置。

在奥数班,老师通常会超前教。来到新学校后,妈妈对比了以前学校的教学进度说,就数学这一门学科奥数班的进度较前学校超前了差不多两个学年。入学初的考试的失败好像注定了我的一切。我就是一个不强的人。我内心有太多的委屈和不甘,因为你们学过的知识,我还没有学过啊……

即使在冷漠的关系里,在生日时,节日时,我又会想起一些在生活中照顾我的朋友,我总会给他们准备礼物,作为我的感谢吧。

新的学期,有许多变化,班里有同学转走,管乐课的老师也去了国际部。新的管乐老师感觉管理有点松散,虽然每次课都颇为快活,但学不到什么。我也好多次把管乐带到学校去。由于学习的压力,大家对管乐根本没有多大兴致。很多次隔了很久才打开乐器包,里面的哨片都有了斑斑霉渍。

即使有些变化，我对这儿已经很熟悉，心里不会有害怕了。我们在学校旁边也是舅舅的小区里租了房，在新开始的生活中，本以为什么还都是平常的样子，可开学前小婆因身体不适，去医院检查，检查结果，让所有人都不敢相信，癌症晚期。小婆重病的噩耗让家中每个人都是忧心忡忡。

有些人即使善良，从未做过伤人之事，却也遭受厄运，他们无怨无悔，用最后澄澈的笑容面对一切的遭遇。

在太阳映照的日子里，生活里每一个人都朝着阳光走去，努力展现自己生机勃勃的样子。

不住宿，回到租房的路上已经很晚，或是坐地铁或是坐车。每天似乎是雷同的，但在相似中又夹杂着不同的趣味。租的地方不是很好，但是勉强可以，总之有了归属之感。

在老师的鼓励下，对成功充满期待，在生活中常常有小成功，但不会有人记得，在许多人的印象中只有我刚来时处于低谷的样态。所以我总是经历着分分合合，欢笑又夹杂着泪水的友谊。

在偶然间和班里一个不太受欢迎的同学成为朋友，

他是个风趣搞笑的人，只是有些贪小便宜，却在尘世里显得一尘不染，因为在陌生的境遇里他是唯一沉下心来听我诉说的人。在初二上的期末，我们自由地躺在操场上。仰望晴朗的天空，祈福彼此可以考上理想的高中。操场旁边就是管乐楼，可以经常听到萨克斯的音乐，而且是我们最熟悉不过的《茉莉花》。大众总是将"经典"和"俗气"混淆视听，我觉得《茉莉花》从不是一首俗气的歌曲，只不过常常被用在了俗气的场合。《茉莉花》是多么吸引人，满园花开谁也比不过它。我那个朋友就是这样，他的耐心和风趣是我在昏暗箱子里芬芳的救赎。或许是昏暗的地方太寂寞太悲伤，只要有一点点的光亮就让我幸福得迷失方向，让我放下全部戒备。后来，因他贪小便宜愈演愈烈，突破了我能忍受的底线，甚至开始忽悠我借钱给他，最后看似安好的友谊化为乌有。

还有另一个相似的故事。故事主角 T 也在特殊的班级环境中脱去稚气，变得和许多人一样。但是同他偶尔一起讨论一下数学或物理问题也是让人感到高兴的，所以我总是拖着创伤的翅膀努力飞行。我依旧清晰记得在他的推荐下买了《普林斯顿微积分》，后来在复旦附中的招生会上他又和我悄悄讨论微分的定义和一些简单微分的求导过程。他总是摆一副"大人"的模样，然后又不攻自破，回到了童真的那般可爱。他一时的热情让我忘却大部分他对我的不利，我也会慷慨地给予他我所能的，我经常借给他东西，即使我知道不久又会是失落。苦中作乐，才是生活真实的样貌。

我总想，一包干茶倒入水中，茶香逸散入水的每个角落，改变水的平淡无味。可我落入海洋，一切棱角都被磨平。突然某天，我感觉自己变得像一个复仇的人，经常生气。我将自己一直瞩目崇拜的朋友变为敌人，他宽容待人的处事风格一直让我心生敬意，可我又在挑拨离间里被逼到低谷。我又会将倔强而可笑的态度带给我身边的人。

初三这年，我又住宿到学校里。不同于以前幼小的自己，我早已学会不以物喜，不以己悲，我看淡了很多事情，也不会因为一些小事而多愁善感。我和大多数人的关系都是平平淡淡的，没有什么轰轰烈烈的喜剧或者悲剧。大家也都忙碌着中考，我逐渐开始报考国际学校的自招考试。

在语文老师的要求下,我作文中叙事变多了,内容实在了,在她的熏陶下细心观察起自己的生活。在两年的学习和生活中,我终于清洗了我刚入学时她在我心里留下的刻板印象。就算她在入学时的那些话语还是让我有点难以冰释前嫌,就算有时她表现得有些苛刻,甚至"不食人间烟火",但至少我承认她是一个安静,有内涵,很幽默,充满了童趣的老师。她的那种关心和支持不是空洞的,不是浮于表面的,就像她对我作文的要求一样——要真诚,要饱满。一次她看不顺眼我很久没剪的头发,就被她拉上出租车去理发店。我本来要大闹一番,但还是想要维持一个体面的人设,因为我再也不是当初那个激进的小孩子了。摇晃的出租车上,我紧张得贴着我那侧的门,但她很轻松也很温和。她知道我正在申请国际高中,未来要出国留学。她和我分享学长的经历,然后提到好几个非常不错的大学,又希望我也能达到这样的高度。午后的暖阳划过一根又一根电线杆,跳跃在车子的座位上,出租车里正巧放着的是《Auld Lang Syne》。

初一、初二时，为了衔接落下的知识和题型，每周五都去英语老师那里请教，英语老师是一个教学经验非常丰富，又特别热心，也很有耐心的人。

最让我感触的是一个暑假的名师班集训。在集训开始前，我不顾及他人感受洋洋洒洒写了一个段子《抱怨》发在朋友圈里，我把自己比作落入谷底的人，每每进入这个班级中我就感觉自己落入了谷底，自信被磨灭。英语老师察觉到了我的恐惧和担忧，她说："你本就是遭遇不公的人，追赶也是一件不易的事。但回首看去，你早就不在当初那个山谷里了。或许你依旧不满足你现在的高度，但至少你已经通过自己的智慧和努力上升到了这里。妄自菲薄是不可取的，这场追赶还有很长的时间，我相信你一定可以达到那个山顶。"

那时候，相比起文科，我更喜欢数理化，或许因为钻研一个问题十分充实，解决一个问题非常有成就感。我总会和同学一起，用各种方式试图解决问题，有时候拐到闭塞的迷宫就向老师请教，数理化三科老师总能给我很好的解释。

在初一时，我每周五也会去找数学老师补习。因为落下来教材上两个学期的内容，老师就从零开始讲。半个多学期就在老师的帮助下弥补了很多缺失的部分。从初三开始，我就和很多同学不分上下了。数学老师从来没有因为学习原因而去责备同学，所以我并不畏惧他。他有几次因为大家学习态度懒散而大声训斥，让人吓得一颤，但平日里他都很温柔，满脸都是笑容。每次见到他都会有一种晴天的感觉，数学是我最喜欢的科目。

每个学期期末，我们都要投票推选优秀学生。就是每人列下一个清单，写十个人。每次班级黑板前的统计，对于我来说都是那么"心惊胆战"，因为这个计票的结果就是见证我在班级中身份的改变。

每学期的投票，班长每次都可以得到全票，也就是八个正字。而我，能凑齐一个正字，就是万幸了。因为初三学业繁忙，所以就取消了在班级计票，老师让一些男生在寝室完成。初三，我的成绩已经不错了。虽然说还是挤不进班级前十，最好的名次还只是第十一，但我至少逐渐自信起来。而且我和班级不少人成了朋友，也总是会互帮互助，我对这次投票抱着很大期望。待计票的那几个男生统计完了，我上前去问问。他们有些不耐烦，说我一定选不上，我就去睡了。熄灯混乱中，我在浴室里捡起了大家的纸条，浸湿的纸条混杂着浴室里潮湿的味道。我在手电筒的光线里一张张看过去。试图找出我朋友的字体。很惊喜看到我的名字。但大多都是写上，再划去。我也想成为班长那样的人，因为我羡慕他的票数，羡慕他的处事，羡慕他的轨迹。

在这学期再次新换老师的管乐课上，没学到什么，萨克斯也只是触摸到皮毛，这让我感到自责。但一直在耳畔回响的琴声里，我想说：你可知道每一个地方都值得珍惜，每个人都值得珍爱。如果说人心是晶体，达到人心的冰点也是人心的熔点，不要放弃真切的自己，不要被一时的失败或别人的无知所打败。用永恒的微笑点缀自己，要用流失的泪水警示自己，拥抱阳光，满怀欣喜。

最后一年的管乐课，大家总是抢着靠后排的位置，然后在大家演奏时滥竽充数。有人连哨片都没有装，只是假装用嘴吹几下。还有些人把书和卷子，藏在琴谱架旁边，一节课都是蹲在那里偷偷背着古诗或者单词。我偶尔也会这样，但更多时候还是吹上十几分钟，萨克斯成了忙碌里的一丝慰藉。

靠在窗边的位置，我观察起正对阳台的那些树，春天开有玉兰，夏天郁郁葱葱，秋天有芦苇一般的须子，冬天是光秃的，但在斜阳下，不失生机。就算在最忙碌的时光，任课老师未曾停下过脚步，也从来没什么偏见或是抱怨；就算是再疲惫的夜晚，寝室阿姨都是小心翼翼地关上每一扇入梦的窗户；就算再怎么饥肠辘辘，食堂阿姨，总是异口同声地叫学生插队在她们的前面，就算食堂的饭菜一般，但温暖并不一般；就算同学间有过喋喋不休，锱铢必较，但依旧是最初的我们，是最纯正的我们。就算我曾失落，但，不曾放弃。

那个邀请我去萨克斯班的同学到最后一直是我的朋友，就算时淡时浓，但一直就是朋友。

曾几何时的教室内，

曾几何时的月色里。

曾几何时的雨伞下，

曾几何时的篮球场。

曾几何时的管乐声声,

曾几何时,纸上的黑墨水,

在鹅黄的琴谱上,记录下一些你追我打,一些互相取暖。

在新学校已经两年了,校园里时而荡漾的萨克斯音乐总是和我撞个满怀,我又重现出那番高兴的模样。在琴声里回首从山谷到山峰的点滴记忆,清风是萨克斯的滑音,云锦是萨克斯的颤音,连绵环绕在我的四周。此时脚下的轻盈是蒸发了多少汗水换得的啊。虽然不再是什么班长,也不是什么第一,没有像从前那样铺天盖地的奖状。但我依旧骄傲,是因为我曾在陌生的城市、陌生的地方,在你们的陪伴下,像英语老师所说的那样从山谷里拔地而起。

爆竹声声

在十二月的时候,我拿到了梦寐已久的美国签证。

当时,总认为美国的旅行不会与过年重叠。可后来才发现非也,心里难受起来,犹豫不决。总是向妈妈抱怨。可最终,还是坐上飞机,去大洋彼岸。

在飞机上,天逐渐黑了,是北京时间的晚上,机内的灯光也调暗了。很困倦,做起了梦,又在颠簸里惊醒过来,视线模糊,为了解闷,我点开了一部电影,名叫《过年》,看着看着,脑海里浮现出自己曾经和家人一起欢度的一个又一个传统的中国年。

每当外婆将日历撕到腊月二十，就喊爸爸妈妈去买年货。新年就开始倒计时了。

快接近大年三十，有几年家乡下了小雪，大街小巷隐约有了爆竹声声。

到了大年三十午餐时，大伯说，带我和姐姐一起去商场买吃的。不知道为什么，这就是所谓的年味吧，超市里张灯结彩的，红红火火的，许多零食都换了新年的包装，耳边总是恭喜发财的音乐，虽说有点俗气，但在此时却恰到好处。走出超市可以看到卖糖葫芦的，冰糖葫芦裹着泛黄的焦糖，在午后的阳光下闪得晃眼，不管做工是否精致，人们购买热烈，就只是图个年味，过年的味道都沉浸在甜蜜里。

下午，大家就开始忙起了年夜饭，一定有馄饨和饺子，奶奶家里满是荠菜亲切的味道。厨房里，妈妈和伯母折几下就裹好一个馄饨，每一个馄饨几乎一模一样。奶奶接过放馄饨的大铁盘子，铁盘子上的斑斑锈迹一看就是过了好几个春节。把馄饨都抖到锅里，锅里烧开的沸水上下翻腾，水蒸气弥漫开来，馄饨入水溅起小水花，又发出了嘶啦的声响。奶奶盖上锅盖，就抚平了一切嘈杂。

电视里放着《一年又一年》，桌上的鸡鸭鱼肉逐个到了位，大家陆续坐上餐桌，很早就开始了晚饭。四世同堂，围一桌，爷爷奶奶总是叫着太奶奶和子孙多吃点，太奶奶总是给我夹菜，自己喝了几口汤水就说有点饱了，我也总是夹了菜给她。祖孙上下，男女老幼，一圆桌人，喜气洋洋。说说笑笑，吃了有一个多小时，春晚也差不多要开始了，大家回了各自的家。我无论多大了，总爱挤在爸妈中间，躺在床上等待八点的钟声，等待春晚的开始。

十二个生肖都过了一遍，那些记忆里象征春晚的熟人消失在舞台上，就感慨时间好快，可真是一年又一年。小时候还没等到倒计时的时刻，就昏昏睡去……

大年初一的早上无论是在城里的奶奶家里，还是在乡下的外婆家，过年的早饭总是让人无法忘记的。大人总是会以"一顿吃饱一年不饿"等寓意的名义要我多吃点，我有时候吃不下，就以"年年有余"作为托词。家里要是摔了碗，就是"岁岁（碎碎）平安"。吃完饭，大家就打扫起来，而我总是待在电视机前补年夜睡着错过的春晚。回忆着大年夜里的爆竹声声，或是火树银花。新年里，家里还是会有人啰唆，大人也会和平常一样时不时拌个嘴，但最后都说要图个吉利，就一笑了之，停止了喋喋不休。巷里巷外是幸福的爆竹声声。

奶奶那里是个大家族。为了敬请太奶奶太爷爷，她的三个弟弟总会在春节里各请一顿饭，每次都会有五六桌亲戚，每个亲戚都很熟悉。因为人很多，所以常是男的一桌，女的一桌，小孩一桌……我总是和年纪相仿的小孩坐在一起。在奶奶那块儿，除了我的一个弟弟，从大学毕业了的姐姐，到出生不久的妹妹，都是女孩。有两个妹妹和我年纪相仿，所以我同她们一起坐那桌。我们总是桌上最早吃完的，其实没有饱，只是想早早地出去玩。

冲到屋前的田野边玩莫名其妙的游戏，记得玩得最多的是寻找被藏起来的"宝藏"，其实"宝藏"常常就藏在几块砖的间隙里或是柜子里。"宝藏"常常就是几根棒棒糖，在我扑朔迷离的说辞里，她们都找得很认真。那个没找到糖的，是一脸沮丧，那就再来一局，三局两胜吧。可最终总会有胜败，为了不让谁伤心，最终干脆取消了奖品，单纯地藏藏找找，玩腻了，就把糖给家里年纪最小的弟弟或是妹妹。

最后玩累了，就到小姨家楼上，随便在床角一躺，随便打开一个频道，津津有味地看起来。有时找到了几张纸，就拉着她们画画，边画边闲聊时，我说到她们小时候的糗事，她们就摆出生气的样子，我赶紧道歉，又忍不住哈哈大笑，接着大家都笑个不停，赛过窗外时而隐约传来的欢快的爆竹声声。

若是在外婆家，就去舅公家吃饭，家里亲戚不多，外婆就一个弟弟和一个妹妹，人很少一桌子就够了，人少但很齐全，舅舅有时从上海赶来会迟到，但从不缺席。

有时舅舅白天带着弟弟和我去田里放风筝，初春的风不大，风筝不会飞得很高，但是仍可以在天空里起舞。踩过还没露芽的土地，满鞋子都是泥巴，回去换了拖鞋，继续冲进田野里。

晚上，大家一起放孔明灯。纸灯被缓缓托起，在黑夜里照亮了我们的微笑，它带着我们对于平安幸福的祝愿，缓缓升空。那时，我心里想的不是它能飞得多远，而是它能否避过重重电线的关卡。当它平稳地错过电线，向更高空飞去，心里就踏实了，孔明灯最后消失在旷野的尽头，不知是否真的带着我们的期许去了天堂。

邻家的烟火在天空中炸开了火树银花，红得醉人，紫得动人，天空似乎下起了闪着光芒的雨。

还有一个新年，爸爸的一个朋友的儿子，同我们一起到外婆家去。当时我们买了很多爆竹和烟火，爆竹声声，震耳欲聋，让幼小的我感到惧怕。彩色的火花，充满了热情，吸引着我，但也让我怯懦地退后了三步。看着哥哥熟练地点了火，等待炸响还要一些时间，足够逃到安全的地带做好心理准备，我也就踏实了。准备自己尝试，第一次，手抖得厉害，捏着火柴轻触了引火的线，立刻把火柴丢一边，仓皇地往回跑。等了好久，没什么反应，我觉得是没点到吧，但又害怕还没等到炸响时间，愣是不敢返回查看。哥哥似乎是看透了我的想法吧，他前去查看，的确没点燃，他用打火机点了引火线，凑近看了看，的确点燃后，才匆匆回到屋檐下。地上参差出现了闪亮的火光，有红色的光点飞得很高，有的飞得很远，落在河里，星子就灭了。

我也鼓起勇气，尝试点燃属于自己的第一束烟火。这次我沉住气，待引火线着了才离开，走到屋檐下的工夫，火花撞破了薄薄的纸，在昏黑的天底下，绽放开了金色的星子，星子跳跃着，在半空中旋着，似乎不愿下落。看着点起的金色光点，我终于从看烟火的变成了点烟火的了，畏惧早已散尽了，也不愧又长一岁。

接连的几日，许多人家放了烟火，有的点了鞭炮。到处都是热情的爆竹声声。

对于新年无限的怀念与热爱或许就在这样的"墨守成规"的爆竹声声里。我就喜欢这样的简单不变的亲切的熟悉的爆竹声声。

不能过传统的中国年，心中满是失落。在行李箱轮子滚动的声音里，妈妈说了天下没有不散的宴席，我想今后无法团聚的日子会有许多，追梦求学路总会有许许多多告别，而我也是告别美好童年的时候了。告别过去的时光，告别逝去的人们，将记忆印成照片藏在心里，走到哪里，你们都还在，走到哪里，都会有记忆里的爆竹声声。

飞机外,云翻滚着,簇拥在一起,或沉或浮,太阳出来了。

飞机广播里传来中文的"新年快乐",机舱里也回荡着外国友人用不着调的中文模仿着新年祝福,远远的舱面侧边也带着一片窗花的红润。下飞机第一件事就是向家人报平安,听见电话那头的爆竹声声。

接着导游带我们走出机场,在上车前又给我们每人递了一包金币巧克力。旅行车穿过困顿的黑夜,眼睛因为睡意变得模糊,但依稀看得普林斯顿 Tiger Noodles 的窗户上春联的书法,毗邻的中国餐厅外有喷漆涂鸦的福字,新泽西街头的饺子香,还有唐人街的门神年画,电视里正在播出美国总统给中国人民的春节贺词。

爆竹声中一岁除,春风送暖入屠苏。

珍珠项链的影子

心中涌动的是遗憾。有时候最受打击的是满怀期待的人。

我没有悲痛万分，但感到很不习惯这份失去。

是去年的夏天，快要开学的时候，小婆生了病，家里人本来都不相信，直到她住进上海医院，家里人才不得不认命。但是疑惑永远不会散去，因为如此善良而又朴实的人怎么会沦落于此。

很小的时候，小婆就是我最熟悉的亲戚。

她是外婆的妹妹，她俩感情很好。自我记事起，她俩总是亲密无间，想必，在她俩年轻的时候，一定彼此相爱着，似乎会一直守候着彼此直至老去。

在太奶奶去世前，很长一段时间是卧床不起的，他们姐弟三人、外婆、舅公和小婆就会轮流照顾她；每年春节，大家会在大年三十聚在一起，他们常常会待在一起打牌，或是聊天。有一年春节的大年初一，太爷爷去世了，当时她们都很是焦急，那时候我还小，躲在昏暗的车里，透着微弱的光看见黄纸的影子。

小婆对我的妈妈也很好，好像待亲生的女儿，对我自然也是。不久之前，她还在一个饭店洗碗，饭店老板那里总有员工优惠和福利，她常常会带给我们礼物，无论是盆栽、蔬果、海鲜……

然而，小婆在我的记忆里，更多是个戴着珍珠项链的奶奶形象。

在小学的时候，有时妈妈有事，要奔上海，外婆在乡下，妈妈就叫小婆来陪我一个晚上，早上再送我上学。

她似乎没有一次推辞。

在黑暗里，没有妈妈，但是温暖依旧。不会孤单，不会失落。

第二天挤在小婆紫色的电瓶车里，留有一阵关切与温柔。

很多时候，妈妈会叫小婆到我家吃饭，有时，妈妈也会和我去小婆家吃饭。我们走之前，小婆总让我们带一箱牛奶或是水果。

就这样，在她零星陪伴中，我走过了童年。

在很久前，舅舅结婚，生了孩子，长期在上海。小公有时会跟着去，小婆就一个人待在家乡上班。

直到去年夏天，什么都变得支离破碎。小婆本来在上海做化疗，无效，后来又试了临床的药物，依然无效，最后回到家乡。大家都说小婆褪去了生气，似乎将要离开。但我总是满怀期待，因为在网上看到常常有幸运的人脱离死难。

最后的一段时光，小婆都在家乡的医院里，又是一年的暑假。在闲暇里，不，几乎每天，妈妈都会去小婆那里，偶尔拉上我，妈妈常会尽所能做些小婆能吃的。因为我不了解小婆的病情，只是看着小婆充溢着微笑的模样，安然，平缓，似乎没有问题，只是脸色鹅黄，双眸昏暗。

病房里有温暖的阳光，在洁白的墙上床上洒下希望的光艳。我永怀期待，有时外婆伤心、无助，我总是嗔怪她不要那么丧气。小婆对我说，不要将时间一直放在她身上，劝我继续好好学习。

在病床上，她依旧戴着珍珠项链，是白色的，洁白无瑕的。

在中秋的早晨，世间又少了一颗善良的灵魂。

以后的日子，全家团圆的节日里，大家心里总会少了许多东西，偶尔提及，总是潸然泪下。

从此，除了我和爸妈，没有人会特地从城里跑到乡下给外婆送生日礼物。

虽然月圆，但人却不圆。她陪伴过舅舅和妈妈的童年、青春，路过我的童年，却无力陪伴她亲孙女和亲孙子的童年。

或许，活着是最重要的事。

不敢接受如今的现实，她没有成全我对于她的期待。是病魔太残忍，是生命太脆弱。

从此往后，眼里就消失了一个颇为熟悉的亲人，只留下眼泪，留下忏悔，留下一个戴着珍珠项链和蔼可亲的影子。

过了很久，我又想了想，你见到了我们，也算此生无憾了吧，我们遇见你，一定也是我们的福分。

唉，只听得生命刚强却也脆弱的声音。

泰晤士河畔

依然是别离，但在接下来的日子里陪伴我的并不是熟悉的人，在憧憬中往往是带着腼腆的。似乎重新开始一样，想着过去，又看着未来。我知道，旅程很长，时间却很短。

目的地是伦敦，在飞机上或麻木或杂乱，漫无目的地重温一下电影里唯美的桥段或是震撼的场面，或是在歌声里打盹，甚至将并不好吃但略有精致气息的飞机餐画在本子上，接着看看几日前的单词，接着醉入梦中，很快被右侧小朋友的欢叫唤醒。

周而复始，一直重复着，偶尔打乱顺序，云里雾里。

其实，时间只是个轮轴，向前了便有了推进的动力，让人心也急促起来，的确，很快是目的地，伦敦。

坐上机场巴士去国王学院的路上，可以看见牵牛花整齐地散布在街头，接着是古铜色或棕红色的墙，偶然出现澄蓝色或是正红的大门总是成为心中的一抹亮色，复古与优雅的结合是伦敦的特色，英国的道路分配是小巧的，在双层巴士上看着小小的拐弯，总是隐隐担心，却又毫不畏惧。

天很晚才黑，差不多快到九点才显露出一抹斜阳。

疲倦的斜阳下，可以看见地上遍布的是梧桐叶，很快光明被吞噬。很快就是夜，再是深夜，夜晚的温度可以把烤肉冻成冰块。月色下的伦敦街头是安静的，我累瘫在床上，融入梦境。

*

我和同学熟悉起来。

我愈加感到亲切友好，我们似乎并不再陌生，我们勾肩搭背在一起，不再拘束。

阴雨连绵的样子，配着让人感到充足的早餐，但是其中的酸奶酸得名副其实，以至于让我们总是抱怨着，以此为笑柄，嘲弄了一天。

我很喜欢同当地的人聊天，是尊重的，亲切的，地道的。

阳光透过树叶的罅隙，在草地上留下斑驳陆离的光点。有人在野餐或是在树荫下看书。飞掠的鸽子，很信任人们，不紧不慢的样子给伦敦增添了许多自由的气息。

在往来的路上，我们曾听到许多外国友人对我们的欢迎，这让我想起在国内的景点里，总有国人对外国游客的热情，或许，这才是善意，不同国家人民和谐友好的样态吧。风依旧，落英缤纷，却总是有暖流一直穿梭在风与树叶间，跟随着处在异国他乡的游人们。

傍晚，我们去了临近的伦敦桥，夕阳依旧，在水面反射出波光粼粼的模样。总是在老师的限制下，盲目地跟随在一行的队列里，总感到不适。不仅是我，好多人似乎都按捺不住，有些人蹿这儿蹿那儿，似乎只要抓出一个趁乱逃走的机会，他们就会蹦到一侧的酒吧里，躲藏在粉色黄色的霓虹当中。我和几个朋友也开始了几次三番的逃跑行动，但不巧，我们和老师离得很近，根本找不到离开的机会。走了很久都没见停的意思，像是老人散步，漫无目的。总觉得这样的行走完全浪费了我对于伦敦城的一腔热血。

好久，好久，我才听到老师说有什么自由活动的计划。大家直接欢腾起来，金色的天卷动起风和伦敦城的建筑，融化在嬉笑里。看到伦敦大桥，有人哼起了歌——

修桥人锤击的声音都敌不过那些兴奋的音调。城市里放置的花圃点缀着灰白色工业风的街道，燕子似的鸟从树丛中蹿出，飞掠伦敦桥，划过水面……

这似乎就是我想象中的伦敦。

我们终于可以自由行动，但却反常地收敛起来，因为人们来来往往，这里是新大陆，不是家乡。我开始惧怕走失，惧怕人流，惧怕杀人犯，我开始担心我被抢劫。我跟随着朋友，小心翼翼观察着形形色色的人们。

我看到了一个画师，他用丙烯在绘画伦敦的晚霞。他的用色大胆，多是些充满戏剧性的颜色，比如荧光色的粉红，糖果色的紫，还有浓厚的深蓝、深绿。他喜欢用黄色的点来表示灯光，他喜欢用笔刷擦出光芒。我看到了一个钢琴师，钢琴的表面附着深浅不一的铁锈，我喜欢这样的铁锈，因为这是城市的记忆。他看到了我们，就微笑示意。他手如水一般流动在键盘上，黑白琴键的升高降低，把观众心脏的起伏也重新规划起来。弹到高潮，一片行走的，像是下班的人群都停下，和歌曲共鸣。掌声都是情不自禁的、不约而同的。最后很多聚集着的人都向艺术家表示感谢，不是为了什么"尊重"，都是音符逼迫的。曼妙的颜色和乐曲跳跃在河畔的夕阳下。这还是一个街道吗？我还以为是一片华丽的舞台呢。乞丐和艺术家的概念模糊不清。

　　我似乎也放下了戒备，不再小心翼翼提防潜伏着的狙击手和抢劫犯。我慢慢挖掘出来了城市的友善和亲切，甚至也爱上了这阴郁的天气。仿佛是上帝给它镀上了这层唯美柔和的复古滤镜；红丝绒、绿宝石，鳞次栉比的浪漫和典雅，撞击着祖母绿的桥堤和碧绿的叶子。最后还给我一声声河畔邈远的钟声。

＊

每天都是凉凉的，空气清新，但是有种沉沉的感觉。

其实，同外国朋友上课是件十分具有挑战的事，完全不了解他们，不知道他们的食物风俗，很怕因为不当的交流而戳破别人，攻击别人。每个人都紧张，在课堂里常常可以听到不准确的英语，或是词组，或是发音，可以说是中国式语序的英语句子。

下午，去了贝克街，是柯南·道尔小说里福尔摩斯的居住地，因此，福尔摩斯的博物馆便建立在这里。许多粉丝、游人都会在影像与文字的记忆里，寻找属于自己的态度与情怀。在复古的房屋里，拥挤但是总被复古的气息打动，在房屋内总有探案的情节再现，周围环绕着十九世纪末英国的风格。

因为很长时间的排队，让我感到闷热且疲倦，就很想要喝水。众所周知，在旅游景点买东西会非常不值，但为了解决一时难忍的口干舌燥，我们就费力找了一个偏远点的地方买水，随后带着疲倦到了临近的摄政公园。在湖边是一片鸽子，或是黑色的，也有多色的，在颈处的像鱼鳞一般的羽毛是绿色的，可在阳光下泛出紫色或黄色的亮光。穿梭于鸽子间的人群，人不惊，鸽不乱，安然闲适。我想当地的居民都会来这个公园吧，因为我看到很多来野餐的人，他们那些带有格子图案或者维多利亚式花边的瓶子、毯子，真的给了我一种挤入英伦电影的错觉。

湖边还有许多和小孩子一般高的鹅，飞鸟更是不计其数。小孩子从妈妈的面包袋子里挑出一块压扁的可颂面包，轻轻撕下一点，然后就丢在大鸟的面前。当鸟喙衔起渣子，小孩子就惊呼起来。

*

在自然历史博物馆中央，本是一副恐龙骨架，如今已换为鲸的骨架。导游说："我们知道逝去的不会再来，所以不用再用更大的努力奢求，我们应该看好我们所拥有的事物，不让它们逝去……"

突然觉得"及时行乐"更是一种珍惜当下，不把流年浪费在过期的牛奶罐里，而是去珍惜新鲜的牛乳。阳光时有时无，在有鲜花的地铁站里，昏暗里也有幽香，在这里买花是别样的体验。教堂和石碑是鹅黄色与黄铜色的，典雅里也有粉色和红色绽放着的花。一直走，走到脚失去知觉，便到了深夜，踏遍所想到达的地方。在疲倦中，我们开始聊天，围在桌边，直至灯火燃尽。

*

在复杂的人情世故里，你我都是帆舟，彼此就是彼岸。

随着年龄的增长，有的人愈加喜欢喧闹，有的人愈加喜欢独处。时光的流逝带走人最纯真的面目，留下的是对于陌生的一种掩饰。而在朋友面前，恰好相反，可以做回自我，无论是大大咧咧，还是羞涩拘谨，都是信任着彼此，随心所欲地吐露。

但无论怎样的心理，无论成为什么样的人，大家只管表现出真实的自己就足够了，因为大家只会和真实的人成为朋友。就比如今天认识的两个外国人，一个来自尼日利亚，一个来自乌克兰。他们肤色一深一浅，相差甚多。不仅如此，他们性格也相差甚多，一个是那种很安静又很认真的，而另一个女生非常活跃，又带有浮躁。一个人是否真诚是很容易从他的脸上看出的，他们谈话时轻松自如，没有任何的附和或是敷衍。似乎友谊不分一切，真正的朋友不会在意你的好坏，不会在意你的身份，甚至你的罪过，他会容忍你，甚至引领你。

在夜晚，有激情的音乐，彼此都沉醉在灯火中，吐露出最真实的模样。或是你追我赶，要么就涌入人群。

又是夜幕，在紫色苍穹下，树是黑的，房屋是黑的，灯火似乎熄灭，仿佛只有我们公共的那个房间依然亮着灯，灯光勾勒出我们，大笑不用捂嘴，嘲弄不必顾虑，分享着，倾诉着……

*

今天，上课的最后一天，有留别，没有再天花乱坠地索问老师的社交账号。

因为太多过往的经历都在诉说，生命中的许多人只是过客，我们只是在颠簸的路上走着，在失去中拾起，在拾起中失去。

草坪上都是梧桐的落叶，风是细腻的，我们没有错过想要的事物。在应急时刻，斩钉截铁。维多利亚博物馆，是个文化交换的地方，东方到西方。看着琳琅满目的或玻璃的,或大理石的,或唐彩的,或锦缎丝绸,我感叹这个世界看起来太过多姿多彩,那些美丽的艺术品何尝不像是身边每一个充满趣味的灵魂。时间并不充裕,我们只得走马观花,一场下来全是竹篮打水;如果时间充裕,我们就算一幅一幅赏析也记不下这成千上万的画作,并且记了,忘了,记了,留下的就是那些印象最深刻的艺术品,那些最留恋且无法割舍的人。

我不由得想起了那个新认识不久的希腊老师,他是个帅气的诗人,和他也有很多共同的兴趣和话题。但由于一种因为年龄、经历、身份而产生的距离让我注定"拥有"不了这样的一幅画作,这幅画也无法"属于"我,最后我也会忘了,再记,再忘。

每一份回忆,想必都是缠绵的思念,留在异乡,你的那边。

*

可笑的是,我也曾寄托对于康桥的情怀。

虽然,我并不是处在国家动荡,人心动乱的年代,我也没有崇高的抱负,或是强烈的期望,但是我也有康桥的故事,那个康桥在我们的心中,是友谊的归属。

在康河的柔波里泛舟,在呢喃里,想起在一年前仿的诗,现在又想提笔仿写,可是无能为力,看到真正的康桥,心里却只是一种对于过去的回忆。那时是忧伤的,如今却是期待的,因为反差,而让我矛盾不解。

现在,我想通了,其实康桥一直都在,它是坎坷的模样,但不失希望,我又认为我的故事同徐志摩一样,都是在逆境里挣扎、努力,求得真谛。

或许,我们的友谊依旧,我们依旧志存高远,我们就永远都是……都是康桥人。

*

在人海里,等待着每天都会发生却永远被视为虔诚和伟大的事。在等待白金汉宫门口的换岗仪式时,我不由得想起了天安门的升旗。虽然他们每天都是如此,但这样的重复何尝不是一种国泰民安的问候?巴不得每天都可以看到他们花费着力气去交接,去升旗,而不是在沙场的中央拖着疲惫的身子举着一把冰冷的蓄势待发的武器。

下午的画展是讲了许多不同的流派与艺术的细节。

室内是高堂，室外是世俗。但是总说大师是流浪于世俗的，在画展门口的空地上，也是艺术家的舞台，他们也有高超的技艺，他们不偏不倚。

*

伦敦眼，至今已十九岁。在高处旋转着陪伴伦敦也有十九年了。

陪伴，是守候，是等待，是忍让。

陪伴与物理距离无关，与心的距离有关。

我总认为，陪伴，是你面对着熟悉的人大笑，毫无遮拦，他们也在一旁笑着你的笑声。

陪伴，是在异乡碰到新奇的事，说给家乡的人听，或是家乡的人叮嘱着你。

陪伴，是留心给你准备礼物；和你拌嘴；同你叙旧；一起憧憬。

我们不一定要有相同的爱好，我们不一定在同一个地方，或许，友谊的命运就是分分离离，谁说离别就不能陪伴，就像月球和地球，似乎永不相交，但相互吸引，在多少亿年的时间内，陪伴着彼此。

*

清晨，很困倦。

在泰晤士河上被冷风惊醒。

下午，逐渐有了暖阳，在天底下绵绵地发散开。

我们忙里偷闲地逛在英伦的大街小巷里，漫无目的。后来，我们走到了唐人街，是一派熟悉的气氛。我去过很多地方的唐人街，感觉它们只是一股脑儿去强调中式的花纹，去模仿中餐的气味，始终无法满足我对于中国文化的那种根植于左心房右心室的情愫。但对于那些久居异乡的华人来说，这里还是可以算作一种对于母亲大地的寄托。我默不作声，看着傍晚的红霞和天的那边。分为两路，路上很安静，偶有喧嚣，但只是偶尔。似乎没有什么触动着我，牵连着我。只是看着车水马龙和中式的琼楼玉宇。

后来，我们与唐人街离别，似乎有些不舍。不舍的是今朝，不舍得是什么……难免有别离，但是别离，是为了更好地重逢。

*

我们都在帮助别人的同时，失去了许多，或是时间、心情、金钱，或是物质。但是，我们失去的一定会找回，一定会弥补。而得到帮助的也一定要珍惜，若有不满也不应有任何抱怨。我们面对忽冷忽热的世界，要学会三思，不然会失去更多。

旅行结束。

*

伴随着时间，娓娓地从头到尾。

先是在机场的腼腆与尴尬，在陌生的尘世里，感到自己的格格不入，不太言语，强颜欢笑。通过交流，生活就多姿起来。

从那次我们一起抱怨英式酸奶很酸，我们便敞开心扉。不再拘束，不再遮掩。

从那时起，人便纯粹起来，大大咧咧，很好。

我们与伦敦的故事是从国王学院开始的，逐步蔓延到贝克街，在一抹斜阳下，沉淀的是似琉璃一般的回忆，在附近公园里，满是鸽子，掠过水面，或是划过无形却美丽的弧线。我们的足迹又踏过伦敦桥，我们看遍陨石的命运，或是新生的奇妙，在欣赏自然历史之余，我们追赶着，迫切地想要得到我们一见钟情的事物。

在路途中买束鲜花，装点芬芳的生活。逐渐熟悉起一切，认识了路，认识了人。

夜晚或是漫步，或是在黑暗里放歌，总是发现灯光下忽闪的兔耳，或是沉醉在夜色里，精疲力竭……

沉沦在英国的艺术或文化里，在星星点点中仍能见到熟悉的地方，那是有关我们的故土。在异乡，看到中文就会眼睛一亮，心里一颤，总是流露出骄傲的神态。同样，看他国的华丽时，也是如此崇敬，在金色的宫廷前或是在素色的教堂前，一切照旧，都是敬重的模样。

牛津与剑桥，就更有复古的味道，也饱含文化。听了讲解，明白了什么是灵魂的美丽，看透感恩，付出，追求的美丽。康河，依然在流淌，那尊在屋顶的雕像似乎永远看向那个方向，那里就是我们梦想的彼岸吧。

在短暂的时间里，结下了并不短暂的友谊。虽然我们都有不满，我们遇到不公，也遇到提早的离别，可我们齐心协力，我们善于倾听。朋友不是贪婪的，不是自私的，更不会唯利是图。

我喜爱在朋友面前放声大哭或是放声大笑。因为我们是纯粹的我们，我们是友谊的追求者。

我总觉得，很久没有像这几天那么轻松，虽然带了单词书，但只背过三次，感觉生活里同外国人交流很轻松，看票据与食物配方也是不难的，但是总会在交流时忘记单词。

好久没有"毫无章法""毫无约束"地大笑了，一笑就是很久，响彻云霄的是并不那么优美的尖叫。我们毫无保留,将自己赤裸裸暴露。

或许,友谊的命运就是分分离离,谁说离别就不再陪伴。

在伦敦眼上望着泰晤士河,最后几天也没有很多兴致再去记录点什么心得。我只想飘浮在伦敦并不怎么晴朗的空气里,那种泡泡质地的温柔的欢笑里。

我们知道离别是为了更好地重逢,我知道我们与伦敦的故事仍在荡漾。

久违的阳光真暖

记得那天，起床的时候天色还算晴朗。可出门上学时却下起了雨。雨不是很大，却将气温降了一半，很快地上有积水汇成的水潭。因为天气昏暗，看不出积水的深浅，小心翼翼地踩过，发现积水不浅，惊吓地抬起脚，水花四溅。反正鞋子都湿透了，就不再管积水的多少，只是一股脑儿大步向前跨。

在教室里，湿透的脚捂在闷热的鞋里，加上裤腿管儿也是湿漉漉，心里总有着说不出的困顿与无奈。很长时间，天都不放晴，有的时候，可以听见雨停了，但毫无阳光播洒的迹象。那时，我特别期待温暖，可以将潮湿变得干燥，可以将一身的沮丧驱散。

班里，有个高个子同学，跑步很快，因为在长廊里走得太急，滑在水坑里，不仅是脚，还有背上都被水润湿。他的眉头更加紧锁，显得更加无奈。

下午，有节体育课。

雨停了，但依旧漫布着灰白的云。

老师说了规矩，今天以小组为单位，进行比赛式跑步练习，每一组跑步落在最后的一名同学，就要做二十个俯卧撑。

我被分到第一组，六个同学。老师的哨子声一响，大家便疾驰往前。风涩涩地打过每个人的脸，却吹不干流不止的汗水。疾驰了一段时间，逐渐开始了气喘吁吁，速度似乎是放慢了。但很快到了终点，很幸运，我并不是最后越过终点的倒霉蛋，开心不已。

休息的时候，双手撑着膝盖，望着下一组比赛练习的同学。很快许多人都陆续到了终点，我注意起最后一名是班里一个矮个子同学，又有点胖，自然就逊色于他们组里那几个高个子。

他没有什么怨言，默默地做起了俯卧撑，在他的身边，可以清楚地见着他的脸颊不停有汗水涌出。才做了几个他就感到很疲惫，瘫在湿漉漉的草地上，叹息着，积蓄力量，准备拼二十个。

后来又轮到了我们，大家齐头并进，同时到了终点。

我又注意起下一组的比赛，还是矮个子同学落在了最后。只见他尴尬地笑笑，我突然很想为他解难，可因为自己并不和他是一组，只有对他说声加油的能力。

我很期望他能够尽力向前冲，而不是落在最后。风卷着白茫茫的云，又撞在我们脸上，滑进我们的衣袖里。

发现有个衣服湿透的高个子，时不时向后方看去。快到终点时他莫名放慢了步伐，许多同学很快地超过了他……迷惘间，我双眼紧紧注视起后边的矮个子同学。

高个子，一直放慢速度，最后被矮个子同学所超越，矮个子同学满头是汗水，脸涨得通红。后来，高个子就成了落在最后的人。

高个子以体力不佳为托辞，其实，许多人同我一样明白他的谎话。

无声里，高个子做起了俯卧撑，可以看见他身上成片的雨水，汗水与雨水融合，使人无法辨认，他的眉头早已展开,含着笑容,很轻松地一上一下。

  阳光,久违的阳光啊,终于探了出来,透过云层的罅隙在跑道上播洒下了一片温暖。在暖意里,静谧的阳光之下,我忘却了脚湿漉漉的不适,回味这久违的阳光。

  以后的日子里,我面对阴暗时,不沉沦在阴冷的悲伤里,努力成为阴冷潮湿里久违的一抹阳光,默默地温暖人间,同时也温暖了自己!

今天的晚霞真美

是一天傍晚的时候，老师在评讲卷子。

考试成绩没有达到自己的期待，心不在焉的。做完手头的笔记，我抬起头。

残阳透过走廊外的窗户投到了讲台上，老师的衣服被阳光镀成了金色，几个同学也浸润在金色的阳光里，白色的衬衫亮闪闪的，非常好看。脸色也显得更加红润。霞光似金箔，跳跃在每个人的肩膀上，像是发出叮叮当当轻巧动听的声音。

那明亮的光斑由黑板的右边移到左边，最后悄悄淡了。天也有些昏暗起来。

下课后，我迫不及待地来到门外的窗边。

叹，是美丽的晚霞。

远处的两条电线将天空分成了两半，上面是桃粉色，下面渐渐流入了黛蓝，毫不突兀。

云或是聚拢，软绵绵的，周围布满了灿烂的光；或是分散开，遮挡了光芒。

我扶着窗沿看了很久。呼啸的云，粉色的天光，在时间的糅合中变得错乱，但却不失美感，桃粉色融入了黛蓝色，酝酿成淡淡的紫，又沉淀出幽蓝还是幽紫的色泽。

云朵似乎在呢喃，同风呢喃，好像念叨着一天里无数点滴的琐碎。在校园远处旷野的天空中窃窃私语，哼着只有我们听得懂的歌。

不紧不慢地，浮在天的尽头。

后来，天色变暗了下去。直到玻璃中可以看见自己的影子才离开。

晚自习没有开始，但因为考试在即，班级很早就安静下来，同学们投入了学习。做了很久作业，有几道难题让我头脑发昏，望望窗外，天全黑了。黑得很冷，很寂寞。教室里鸦雀无声，白炽灯下没有一丝生机。我突然觉得晚霞带来的是黑暗，无际的黑暗，所以晚霞应该是充满忧伤的。这次没有考好的事实就是这阴郁的晚霞，而未来更加困苦的学习生活就像是黑夜。在郁闷的气氛下，我也像很多人一样弯下腰，瘫软在课桌上，有气无力地埋在书下。在做阅读时，翻到了一篇叫《春自冬来》的作文。看了看潦草的解说——冬天是蓄力的时刻，然后厚积薄发。这正能量的话给了我点能量，我伸了个懒腰。

无声里，前桌投给了我她的草稿本，草稿本上画了窗外的晚霞，虽然比较潦草，但是很形象。我窃喜，发现还有同我一样忙里偷闲的人，而且同我一样听懂了晚霞呢喃的曲调。我在草稿纸的另一面写了句话，给画又添了些自己的所见，递给了她。她嗔怪了一下，可没有生气。我们都明白漫长的学业压力让人头晕，混沌的黑夜让人迷失，但晚霞给了我们勇气和热情去战胜这些暂时的困境。

突然，思绪愈加清晰起来。我想，晚霞才不是黑夜的前奏，而是厚积薄发的前奏。时间是过得很快，很快就会走到黑色的夜晚，但沉沦于黑暗前，时间却在晚霞里痛快淋漓地展现了生机与美好。似乎黑暗只是暂时的，是一个短暂的考验，很快又是黎明，我应该聆听动人的晚霞，手舞足蹈地，勇往直前地迎接暂时的黑色罢了。

明天的朝阳依旧会普照大地。

我看了无数次日落的样子，家里偌大的窗就像一块电影幕布，让我无数次看见这样平凡却鲜活的景象。

又是一天傍晚，依旧看见日落，只是天空中少了许多云，一望无际的橙色与蓝色交融。

是周末放学，妈妈和舅舅同弟弟妹妹都来接我，让我受宠若惊。一路上，妹妹总是念叨着"红豆生南国，春来发几枝"，那是她最近学的诗。背了前两句，却忘了后两句，看着晚霞，发呆了一阵。我也接不上来，妈妈说了下两句"愿君多采撷，此物最相思"，我这才想起在小时候妈妈教过我这首诗。

渐渐地，我感觉晚霞日落的颜色也像红豆，是一种相思火红的颜色，一种灼烧一般的思念。

妈妈不知从哪里开始，考考妹妹，问她姥姥在哪里，姥爷在哪里。

她说，姥姥姥爷回了襄阳。

妈妈赞许妹妹聪明，妹妹也骄傲地重复了妈妈的话，说自己的确聪明，又说到在学校里会帮同学扣扣子等事情。

接着妈妈又问妹妹她奶奶在哪里。

我们都知道，小婆不久前去世了。可她和弟弟却在迷惘里头，她回答妈妈，她奶奶生病了，在启东的医院里，要吊水。后来又想想，她说奶奶病好了，只是还在医院罢了。

后来，她又笑了笑，冲着天边的红霞笑了笑，同往常一样毫无顾虑地笑了笑。银铃般的笑声清脆地在晚霞里随着落叶荡漾着。

妹妹除了感冒时身体不舒服，就没什么烦恼了吧，她对日落没有什么顾虑，没有什么担心，即使遇见黑夜也不会感到害怕。她们的世界没有什么邪恶的人，没有什么无聊的看客，没有什么所谓让人悲痛很久的失败。

她们知道的,只有"红豆生南国,春来发几枝"的诗句,以及过几天又要去幼儿园了,可以在那里种种子。当然还有"今天的晚霞好美"这样简单的,却又发自内心的赞叹。

　　忙里偷闲的我们不也是这样?简单,天真,单纯。不管再怎么忙碌、疲惫,只是在草稿纸上,画下晚霞,又补上,今天的晚霞好美。

青春相片

早上照了镜子,发现脸上长了痘痘,妈妈说那是青春痘。

中考近了,请了假去初中拍毕业照。上了不知哪个高架,一种熟悉的感觉扑面而来,遥遥地望见了学校旁边的电视塔,那个传言和水平地面并不完全垂直的电视塔。天气莫名地晴朗,阳光挤满了车子,在特意穿的校服上面留下了一片金色。

到了校门口,遇见了熟悉的人,却又有点陌生。心里拖着沉甸甸的顾虑,庆幸的就是口罩遮住了尴尬的笑容，口罩给了我不去说话的机会，我就默默站在一边，等老师的到来。有很多班级的人回来拍毕业照，他们聚拢起来，开始了聊天，满是兴奋和激动。但我感觉有点紧张，口罩遮住了羞涩的脸，闭了眼睛，耳畔都是校园里喷泉的翻涌声。

过了好久，终于见到了熟悉的老师。是年级主任出来接我们进去的，让我们把校服调整一下，然后去操场集合。碰到了班里同是不参加中考的两个同学，好久不见，都长高了很多，脸上有刚退去又长出痘痘的影子。在偌大的校园里踌躇徘徊着。去办公室没找到班主任，却偶遇了零星几个同是出来调整校服的同学。没敢去教室里，生怕打扰他们上课，就只好去操场等着。

待在操场和食堂交界的地方，看到了几个班级的同学陆续赶来，心想我们班也快了吧。校园里居然开了很多绣球花，粉色的花瓣让绿色的灌木显得并不枯燥。

阳光刺眼，遥遥看去，又走来一个班级，身旁的一个同学揣测说这是我们班吧，我半信半疑地看去，好像是，但是阳光给远处的人都抹上了淡淡的光晕，模糊不清。他们越来越近，我听到了熟悉的声音，除了激动，还有一种奇怪的生涩、腼腆、担心。突然有人冲上前来，抱住我，是我挚爱的朋友呀。她说："好久不见。"熟悉的声音，环绕着我，好久没再听见这样的声音，突然一下子涌上来，就好像无数只蝴蝶扑面而来，让人惊喜但也很慌张。整个班级都出现在我的面前，有男孩头发长了，有女孩剪了很短的短发。

班主任说忘拿了我的衣服，让我赶紧去她的办公室取。我背着沉沉的书包往回跑，路过食堂的时候，脑海里浮现出一帧帧摩肩接踵排队的模样，路过林荫大道，浮现出一帧帧好几个人摆弄着篮球的模样。好像跑得再快点，超过了光速，就可以到脑海里那个回忆里的世界。

生活似乎总是来一些首尾呼应，又要在厕所换校服，就像第一天来尚德的时候。

急匆匆又赶到了操场，排在队里。站在队列那个熟悉的位置，只不过这次排列的规则掉转了一下，不是从低到高，而是高个排在前面。前面的他，后面的他，都是原来的他，中等个的我们会心一笑。后面的他时不时拍拍我的肩，而我的手搭在前面他的肩上，口罩遮住了我的气喘吁吁。很快，因好久不见而筑成的薄膜被捅破了，话匣子一下子被打开，但还是带着腼腆，和挚友又开始了对于聚变还有加速的侃侃而谈，顿然觉得这不再是一段费解的友谊，因为我们都长大了，不再那么幼稚，不再是你推我搡的年纪。站在我前面的他，还是像从前那样不常说话，但是却比之前自信不少。他还是像以往一样宽容待人，也非常耐心，悠悠的就像天上云那般自在，淡淡的就像池中水那般无争。

排了好久的队，终于轮到了我们，是一个年级都站在一起。一组组走上了架子，站定了就动不了了。排队的人逐渐少了，老师就座后，操场逐渐空荡起来，只留下了那架相机，还有摄影师。

就算戴了口罩，也遮不住一些同学的窃窃私语，和往常一样，很多人总是要和老师唱个反调，然后一些调皮的男生总是笑着老师穿上正装故作正经的可爱模样。有的人悄悄地抖动着，让架子挤出了吱呀吱呀的声响，后排有人轻轻地拍拍前排同学的背，前排也有人就悄悄拍拍后排同学的腿。可真到要拍照了，大家就不约而同地收敛起来，阳光跳跃在每个人身上。

连续的快门声后，大家可以陆续从架子上走下来，然后就走散了。

老师没急着叫我们马上回教室去，而是很久都留在操场上。我把自己写的小册子《笑纳人间烟火》都送给大家，有人看了里面的故事浮想联翩，有的对号入座惹得大家大笑起来。还是有几个调皮的人呢，在操场上你追我打，还是有一群人，围在一起谈笑风生。

我好羡慕他们那种淡定与从容，马上就会是至关重要的考试，很多人不是焦躁的，不是迷茫的，不是矫揉造作地带上本书假装复习。相反，很多人满脸都写着期待，写着胸有成竹。或许，这就是青春的坦然与大气。

脸上不只是因为"之乎者也"熬出的青春痘，更多是那种从容勇敢的"青春斗"。

在一个下午，妈妈急匆匆整理了点东西，拉上一个熟悉的朋友去上海。因为她们一个挚友生病了。

一段时间里，一直听到妈妈的电话里都是有关安抚病人的话语，鼓励病人坚强，期望病人不要畏惧，为生命奋斗。妈妈常强调那是从小一起长大的朋友，她说很不想失去。不想失去挚爱的朋友，更不想淡忘那长着青春痘，斗志昂扬，青涩的时光吧。

真羡慕她们，就算好多年过去了，那种热情，不会像旧照片一样，因为时间逐渐氧化，逐渐泛黄。她们恰恰反驳了人生是渐行渐远的旅程，只要依旧怀揣着青春斗，坚守那段友谊，就永远都还是青春的模样。

最后一点点时光里，老师将自己完全献给了学生。然后学生走进考场，一段时光就落幕了。偶尔的小雨，给初夏抹上了豆蔻绿色一般的滤镜。偶尔的小雨，给初夏注入了清新薄荷糖的味道，正是有点甜，有点凉，为青春，为生命奋斗的味道。

圣诞礼物

不知道，在什么时候，本来散文式的文笔，被现今论文的那种三段论格式磨平了棱角。自上次在文学创作中受挫后，停笔了很久。但融化在节日的气氛里，情不自禁地打开落灰的电脑寻找素材时，顿然再次萌发了写文章的念头，那么这篇文章就写给"圣诞的时光"吧。

*

蜷缩在出租车的角落里，被妈妈所说的话弄得无精打采。看着来往的车辆，是圣诞节前的忙忙碌碌。

因为班级布置比赛的问题和妈妈发生了口角，她说我总是不提前和她沟通。我本以为家里的圣诞树犹在，就在同学会上信誓旦旦承诺：一定将圣诞树带去，应付比赛急用。谁知妈妈在几天前，已经把圣诞树送人了。这下弄得我不知所措。妈妈建议我先向同学们道个歉，并期待大家一起想想办法。可我本就为班级空无的装饰和毫无凝聚力的氛围失望，现今撞见不测风云，心里的幼稚卷起了无理取闹的烦躁。不理会妈妈的策略，并口出狂言，一股脑儿发泄出对于班级一些负面的看法。或许也是因为负面情绪的羁绊，妈妈就念叨起我的种种不是：什么经常做无用的付出，吃力不讨好；什么班级布置费时又费劲；什么学习委员不应该掺和文娱委员该负责的事；什么班级布置得成功也不会对我个人有什么大的帮助。我试图辩解些什么，说这是班级的事，不仅仅是文娱委员一个人的事，我也应该去帮助。虽然很不愉快，脑海里因为那些拙劣的记忆碎片而疼痛。但终于有地方发泄出来对于班级里一些不如意事情的不满，舒坦了很多。颠簸的车里一摇一摆，妈妈似乎也是读懂了我内心的矛盾，事后知道，她平息了情绪，还是悄悄地将圣诞树加入了购物车，并拼凑着我和她对话时对于班级布置的构想，默默买下了很多装饰品，又多花寄费选择了效率更高的快递公司。

路上来来往往乱如麻的车辆，突然井然有序了，红灯绿灯忽明忽暗，是圣诞的交响曲。

不久后，妈妈若无其事地和我说了这个惊喜，收回了那些"为班级付出无用"的气话，又顺便循循善诱地疏导我。虽然还是拖着疲惫的身子，但心结解开了，顿时发现，妈妈是我永远最好的圣诞礼物吧，一个失落无奈时的出气筒，一个永远包容我的港湾，一个潜移默化引导我的指南针，一个同我一起成长旅行的旅人。

*

快递纷纷送达，赶得很巧。我也很早地在周一凌晨起床，赶去班级布置，希望不要落后其他班级太多，心甘情愿将一些时间、金钱和精力送给班级，承担了很多人没有履行的责任，就当作我给班级的圣诞礼物。兴高采烈地挂起来灯笼，贴了写了英文字母的大红春联，摆放了圣诞树。一些同学陆续进来了，他们惊喜的模样立刻让我觉得付出没有枉费，高兴地把他们的喜爱当作他们对于我送出礼物的回馈与感谢。仍有些人尖酸地挑剔着，想要故意责难别人，但我也不会有太多怨言。毕竟我的付出让我问心无愧。

*

早上坐车犯困，错过了难得的彩虹。但却收获了和彩虹一般的喜悦。很惊喜收到了来自英语老师的礼物，即使老师简单地解释因为他自己不是彩虹小马的粉丝所以才将礼物给了我。

他有一个可爱的妈妈和温暖的家庭传统。

老师说每年圣诞临近的时候，他的妈妈总会给他寄去礼物。在很多人看来老师是一个布置过多作业，有时候喜欢说一些刻薄笑话的微胖英国大哥模样。有些人充满了偏见，嘲讽过老师的香水味道，讥笑过老师的光头造型。尤其是自己得到不满意的成绩时，怒火就会掀翻脑壳，嘀咕着老师上课总是小组讨论，没有给大家很多实质性的理论知识。但他心底里藏匿着我们看不见的可爱与温柔。老师喜欢动漫与动画，桌面壁纸也是宝可梦的图案。所以他的妈妈从英国寄给他的礼物里常常有海绵宝宝一类的动画图案。他在调侃母亲的礼物时，虽然抱着嬉笑的态度，但他满脸的微笑，阳光下晃动的光斑，让人轻易地捕捉到他幸福的内心。这次他的妈妈寄来的礼物里有小马宝莉的巧克力，老师说是他自己并不是这个动画的粉丝，认为礼物给我更合适，于是就送给了我，只是因为我曾和他讨论书本时提及了我对小马动画的兴趣。他微胖的模样，经典的粉色西装里掩着大肚子，颇像圣诞老人模样。人就好像一束复色白光，透过生活的三棱镜，发散出人生的五味杂陈或一个人的七情六欲。有人只能看见蓝色的阴郁，就像有人只能看出尖酸刻薄的冰冷；有人却发现了红色的热情，就像有人能够发现温暖感动的火焰。我发现了七色里温暖的一面，正是发现了老师藏在心底里燃烧着的火焰。

　　我发现了老师藏匿在心里的熊熊火焰，比巧克力甜得可爱，那一种师生间的隔阂逐渐淡化。我逐渐放下了戒备的心理，逐渐也热爱上了英语，常常将自己对于书本的想法分享给老师听，他从没有因为赶时间而拒绝我的提问。然而，这仅仅是我和老师的小故事，班级里林林总总的同学一定和老师发生着各色各样，但温暖同等的故事，或许他正伴着我们的脚步完善自己，我们随着他的陪伴逐渐成熟，彼此的成长与初初显露的光芒是我们赠给彼此最好的礼物。

*

终于是圣诞派对，我带上了给朋友的礼物去学校。虽然是用心地准备了，但是依旧忐忑朋友是否会喜欢。就算有着小小的戒备心，但依旧很期待分享礼物的激动，路上情不自禁哼着莫名的曲调，是内心抑制不住的窃喜。因为身边一些不和谐人发出的刺耳声音，促使我常常多虑。有人评价我是敏感的人，常常担心外界对我的看法，并做出过多的揣测和担忧，同时也想方设法慌乱地去弥补自己。事实证明，往往是我多虑了，那些真正的朋友他们不会在意我礼物的好坏、轻重，他们只要收到礼物就万分感谢。或许赠送礼物的快乐，就是看着别人目不转睛地盯着礼物，继而笑盈盈地望向你，给了你无限的期待与尊重。

*

写给圣诞节受挫的挚友和自己。

不要因为少数不欢愉的音符沉陷在郁闷和纠结里，追逐想追逐的，放弃想放弃的，承担想承担的，拥抱想拥抱的。总有人会包容你，善待你，支持你，送你最温暖的圣诞祝福。

面对着喜庆时刻，有时势必准备一些礼物。有些是必需的礼物，像是一些任务，他人可能并不在意你的礼物，很快也会忘记你的付出；有些是奉承，多是一些讨好和虚假的情谊，教人看着恶心；有些是为了爱情，可能拿不到什么结果，无私奉献就只图个心安理得；有些是真情，谁都不知两人的交集能否继续，但还是会付出，出于一种对于过去的怀恋或者是对未来的憧憬；甚至是没有礼物，只是一些话，一些无声的告白就会使人在冰雪里温暖无比。

无论怎样的礼物吧，不管是真诚的、虚伪的、惊喜的还是尴尬的，都让这个冬天如此淋漓尽致地真实，无法言喻地迷人。

下雨天要撑伞

连续几天都做了梦,梦里全是上海的雨,亚热带季风气候沉淀下来的黄梅雨。雨后的大地变得湿润,小池的水似乎也会上涨一寸的高度。闷热的空气揉碎在荷塘里,不知晓是小荷才露尖尖角,还是早已十里荷花。管不了太多,都在仲夏夜的梦里朦朦胧胧,若隐若现。没有做梦的夜晚,就在安静的月光里听着无边喧闹的蝉鸣与雨声,满脑子都是想要讲述的故事。

最先想到的是和云发生的事。

一次在教室里和同学闲聊,我说所有人都喜欢我。

"有人总是活在不切实际的世界里，总会有人戳破你的幻想。"有个很现实的人不知从哪里插来一嘴，并很不知趣地加了一句："没人在乎你。"大家都是一愣，时间似乎暂停了，鸦雀无声的空气里满是尴尬。一切都停止了呼吸，甚至窗外的雨都悬在了半空。突然坐在远处的云打破了安静，他说道："我在乎你。"

时间恢复了以往的马不停蹄，人来人往，川流不息。

从那次起，我和云便有了频繁的联系。虽然不是你打我闹的伙伴，也不是掏心掏肺的挚友，更不是惺惺相惜的密友。这段友谊没有你拥我抱，两人分别待在自己的小岛上，隔着一片静静的海，小心翼翼地传着莫尔斯电码，若是听到彼岸的鸣笛声，就心照不宣地笑笑。有时候，有距离感的友谊更舒服，且充满期待。这样偶尔意外的暖心，才会被更加珍视。我被他所打动，因为他是个可爱的人，他曾在身上挂着我随意留在他椅背上的一串小灯；他小心地玩着我故意丢给他的碎布；对着我的相机开怀大笑，或者一脸正经地让我端正地看向他的相机。他知道我想什么，但从不说破，就腼腆笑笑。他好像也喜欢夏天，我也愈来愈期待这个夏天。

期中考试后,他的座位被安排在我的前面。只要有小组讨论的任务,他就会转头过来。记得刚上高一的时候我们也是前后桌,但当时因为不熟悉,所以每次讨论都很尴尬,总是匆匆几句就敷衍过了。可现在,我和他成了非常熟悉的人,有时候老师会在讨论后让我们分享一些想法,抑或是我一时间说不出什么想法,我们都会悄悄捂着嘴告诉彼此一些关键词,帮助彼此化险为夷。有一次,我们分到一组做一份英语的测试,可因为我电脑出了问题,导致我们的分数被拉低了一些。这让我感到一阵内疚,可他却没有怨言,脸上写着的是理解。我觉得他就是一个好人。

班里有个人捉住了云的把柄,两人就此捆绑在一起,成了所谓"称兄道弟"的朋友。那个人是个活脱脱的物质主义者,在我身上没看到什么可取的利益,就从来没和我有什么交集。他见到什么都会找碴,有时候会明面地说出来,让气氛万分尴尬,或者就躲在背地里东指西指。他见我和云的关系变得越来越好,他那狼狈一样的控制欲让他浑身不自在,凡是见到我和云愉悦地交谈，就赶来和我拌嘴。但我和云的关系依旧融洽，并没有因此有什么创伤，就这样为彼此撑伞。

又是一节英语课，课上有很多要讨论的环节。云也是一如既往地转头过来。课程一半的时候，老师递给同学们一些词汇卷子，清点数量时发现只带了一半的量，就打算以两个人为单位，把卷子传递了下去。眼看要到了我们这儿，我数了数，推测后座的N应该会和我是一组。于是，当老师把卷子一发给N，我便自主转过头去，和他接过一份卷子开始了练习。云本以为和我一组，老师给了他卷子后，就满脸期待地同往常一样地转头过来。我没有注意到云的转头，是隔壁的同学拍了拍我，我回头过去才意识到的。云收起了惊愕的表情，失落地转过头去。自那时起，云的英语课便没了任何的讨论，他很少回头，准确说，他不再回头。当时，隔壁的同学描述了他转头时震惊无比，嘴张得很大，甚至可以用狰狞来形容。

从那次起，我和云便不再有来往。有人说云是个很敏感的人，或者我不小心戳到了他心坎柔软的地方，我思索着是否应该找他道歉，但又觉得自己没做错什么，只不过打破了惯例，同别人一组罢了。失去朋友的味道很酸涩，尤其是当云那个"兄弟"朝我嬉皮笑脸时，我感到无奈，身边却没有云，那个曾说在乎我的人已经不存在了。有时候想要尝试道歉，可他不予理会，相反和他的"兄弟"愈来愈好。乌云布满了天空，偶有闪电划过，雷声阵阵，雨下得很大，很密，很频繁。

很长一段时间里，我到哪儿，嘴里都提及着云。看着我在大雨里万般无奈，一个朋友给我递来了伞，她是我在班级里最好的朋友，我也很钦佩她待人的耐心温柔，却不失公平公正。她总会静静倾听很多人诉说生活的困惑，无时无刻不散发着同理心的光辉。她常常先是安慰着"受害者"的心，指出"恶人"的错误，最后建议"受害者"应该如何改变自己，提升自我。面对我和云的矛盾，她放下了以往的中庸，执着地站在我这一侧，因为她也对云感到了困惑。我很多次无力地垂着头，坐在她桌前位置上，头埋在手臂里，撑在椅背上无病呻吟。事情过了很久了，我一肚子灌满的是费解，这叫我变成了祥林嫂一般卖惨的人。虽然朋友听得腻了，但当我提及云的字眼，她就知道我又要把那件事情翻出来再重述一遍。她显然是听烦了，却没有抱怨过我重复着的说辞，她一如既往地安慰着我。她没有说谁对谁错，毕竟这件事毫无对错之分，她建议我暂时放下这段并不圆满的缘分，找个避雨的地方等待天晴，而她也会撑着伞陪我等待着天空放晴。或许，放晴了，蓝天白云就会再次出现。

不知怎么又想起一节雨天的语文课。语文课刚开始，梅雨天的雷声就阻止了刚要讲话的老师，弄得大家哄堂大笑起来。大家一股脑儿装作害怕闪电，扮作惴惴不安的样子。每次这副模样总是会逗笑贺老师，她停下了本来想要讲述的内容，话锋一转，让我们分享关于雨天的故事。有人说，他曾肆无忌惮地裸露在大雨中，面对大雨毫不仓皇，相反是一派乐观和兴致勃勃。有人则期望毕业典礼是个雨天，连绵的雨夹杂着一种怅然若失的气氛，那一种感觉沉淀着对分别的失落和对重逢的期待。

我也发言了，讲的是去年夏天的事。七月的上海一如既往地阴雨连绵。总会有突如其来的雨声风声裹挟着树枝摆荡的声响。水珠自由落体，落在窗和棚上发出了响度更高、频率更快的声音。上体育课时间快到了，有同学说外头下雨，让我同他们一块去，可当时我正捣鼓着什么东西，就让他们先走。等我终于完成了手头的事，发现同学都走光了，这才意识到没有带伞。我急匆匆地裹上件衬衫，做好了挡雨的准备，赶到楼下，形同一支弦被拉到底的弓。刚踏出玻璃门，就被迎面走来的小泽老师叫住了，他先是问我要去哪儿，看我没带伞，他准备送我过去。我怕太耽误老师时间，也就拒绝了，回道："我直接冲过去就好。"可他硬是要送我去，他说下雨就要撑伞，然后我就勉为其难地接受了。雨水撞在伞上，漫无目的地向四周弹去，小泽老师卡其色裤子上也有斑斑棕色的打湿的模样。就这样，两人挤在一把伞里，都是小心翼翼地收紧了身子。虽说平日里大家都和小泽老师你打我闹，也总是直言不讳，但老师和学生的身份差异总会带有一种微小却真切存在着的斥力。我总是躲在伞的一端，思索着给他人腾出更多的位置，小泽老师就靠近了我这一侧。绕过几个水洼，不过几步路就到了目的地。

　　说完了这个故事，同学们没有给予什么反应，或许是我平日里诉说过太多，重复太多那个夏天发生的故事。甚至我自己都说腻了。可那个夏天太过曼妙，让人如痴如醉，晓看天色暮看云，行也思君，坐也思君，无法忘却。最期待的夏天又到了，距离和小泽老师再次相逢的日子更近了一步，可听说他打包好了行囊要去新的学校了。刚了解这事，我先是一阵惊讶，又想也是情理之中的事情，毕竟他也曾提及过。过不了几天，大家陆续都有所耳闻小泽老师要离开的消息，很多人都不像我们去年夏天分别时，有着那种剪不断理还乱的情绪，我们变得很冷静，没有吵闹。不知何时起，那个夏天组建的信息群也很少有人探头说话了，就算有什么惊天的八卦也很难做到一石激起千层浪，我们仍可以从彼此身上找寻到归属感，但不再是最熟悉的伙伴了。

快到期末的时候，听到了更多关于同学转学、老师离职的消息。就比如说那个让人爱恨交加的英国老师就要离开了，人群间依旧流传着关于他不好的谣言，但他那种藏匿在心中的火焰依旧明晃晃地在我的眼中跳跃着。他在最后的两节英语课后，都在黑板上写下了自己的邮箱，然后就拍了拍手上粉笔灰，提起那件熟悉的粉色西装，离门去了。一次坐车，我无意中听了妈妈和电话那头的聊天，这才意识到平日里无比亲热的黑客也要离开，去追寻更高的星河了。虽然对黑客大家都很熟悉，但在校园里一定鲜有再见他那不被约束的跳跃的身影，那种自由傲慢，却真诚通透得如水晶一般的灵魂。

后来，V 也发信息和我诉说了她要离开的事。然后，她纠结了很久，最后问我是否真切地喜欢过她，或许是她发现了那些藏在我给她拍摄的相片里的"蹊跷"吧。但我很难坦白些什么，只能说在去年夏天上课，和她分到一组时，都会因为她答题时的从容和恬淡感到十分惊喜；因为她积极而自信地乐在其中感到敬佩。我始终觉得这是一种别样的友谊，我回答道："或许是你不喜喧闹的个性，造就了这样独特的友谊，让我们友谊所呈现的方式隐约又轻盈。"或许也正因这般特殊的友谊，我很少和 V 分享生活的琐事，我常常是去找林，我们都是朋友，并且在去年夏天还建立了叫作 realization 的六人朋友圈子。去年夏天也常常和林无所不谈，然而同 V 却有一种拘束感。V 读了我的信息，说因为我很像小王子而喜欢过我，我感到惊喜，因为平日里很少人会喜爱我的不切实际和乌托邦追求，她希望以朋友的身份听见我毫无遮拦的内心独白，她也觉得成为朋友更好。她似乎撑起了一把伞，而狂躁的雨点就是那些过于现实、物质的人对我梦想的唾弃。随着年纪的增长，身边很多人都在勇敢追求着自己喜欢的人，无论是男生和女生，抑或是男生和男生、女生和女生。但我觉得这样的喜欢，收获到的欢喜，对我来说多少有些局限且单调。在风轻云淡的时光里，我更享受交知心的朋友，那些麻烦且琐碎的情感就抛之脑后，留到很久很久以后再去琢磨好了。在稚气未脱的年纪里，我还是觉得，"夏雨如此冰凉，许多人躲在一把伞下才会温暖"。这也让我记起Hans在过年时发给我的消息，他说很羡慕我，羡慕我被朋友包裹在安全的雨伞下，有人陪我一起傻，一起闹，我不用长大。

　　期末完后，贺老师说下学期不会跟我去政熙教语文，而是留在宝山教历史。没了小泽老师，没了贺老师，前路是雾气弥漫。卷着一股脑儿的迷茫检查完了班级的卫生，抱着一叠教室里没用的书带去贺老师的办公室。

我在分别前的几天送了老师我亲手制作的摄影集，当时经济老师说一定要我给她用马克笔签个名，可惜当时没有找到，看了看桌上黑色的白板笔，最后摇了摇头，说等之后找机会。今天正巧在办公室再遇到了，她喊住了我，最后在美术老师那里找到了签名的笔。于是，就给那个办公室的老师都签了名字，刚签完了 Mr. Runyan 的那份，他说下学期可能也不会去政熙，但期待我会越来越好；接着大家彼此祝福"夏天快乐"，我就在告别声里离开了。在拐角，撞见了化学老师。她拉我去了教师楼的阳台，那里开遍了她种的月季，花瓣似乎在雨水的滋润下变得更加清澈剔透，但她说她也要离开了，离开她熟悉的那几间教室，离开教室里来来往往温暖的行人，离开她的花坛。但我想，她一定不会离开她所热爱的化学，温柔和浪漫也常会点缀她的裙摆。她给了我一盒糖，然后就匆匆道别。

下楼后，我成功跳过了教师楼下那个害了我很多次的大水坑，环顾了四周熟悉的景象，手里攥着一张张在这里拍下的照片。我把照片藏在外套里，害怕记忆被雨水淋湿了，接着就冒着小雨向校门口跑去。不知道是谁喊了一声,"下雨要撑伞";我回头看去,没找到人,可能是哪个楼上的老师,也可能是门口那个善良的保安,管不了太多,声音都在仲夏的雨里朦朦胧胧,若隐若现。

在寻找，在迷失

"我很害怕和朋友们渐行渐远啊！"我抱怨道。

没有喘气，我继续嚷嚷："我很害怕我变得和从前不一样，我很害怕我的朋友们也变得和从前不一样。"

Y回答道："我想不会的。至少，我希望不会这样。"她的语气里带着安慰和一丝期许。

*

秋风吹落了很多片梧桐叶吧。晚自习后，车辆车水马龙般地驶过，车灯拖出长长一道光轨。这景象都来自我久远的记忆，微弱记忆里的画面都被盖上浓浓一层霜，实在模糊不清。但我依旧记得这段 Y 对我的安慰。

当时虽然已经是快十月份了，但毕业季的影子还是徘徊在高一学生的身边。一部分人对过去恋恋不舍，一部分人逐渐融入新生活。我向来就害怕离别，内心常常涌出一股怅然若失的酸楚，我是真的害怕时间如同洪水猛兽磨平了我曾经引以为傲的友谊。

我觉得世界上最恐怖的东西就是时间，它犹如一个带有恶魔之眼的天使。当它闭眼时，人会安享惬意，生活充满盼头和期望。可当它睁眼时，人能透过它凶神恶煞的瞳孔，看见衰老，看见失忆，那空洞的眼眸里还暗藏着更多未知的恐怖。

庆幸的是，Y 似乎也是个重情义的人。虽然平日里，她不会表现得对过去很眷恋，可记忆像一张精美的地图一般雕刻在她的脑海里。她对很多过往的快乐细节碎片都了如指掌，她有时会抖出一些只有老朋友才懂的笑话。所以，她成了我对于"时间流逝恐惧症"这样怪病的治疗师。她听完抱怨，总会找到最合适的措辞安慰"病入膏肓"的我。

圣诞节刚过，高一刚入冬的时候，Y 突然就消失了，据说她很无辜地被心理老师判作抑郁症，被休学停课在家。从那以后，她就很少和老朋友们再联系，她"隐居"了起来，渐渐地，很少人会去惊扰处于困境中的她。于是，从那时至今，我和她的故事也就停止了加载。半年前，我瞥见销声匿迹很久的 Y 从别人的微信朋友圈闪过，对她的记忆同忧伤的蓝色蝴蝶掠过一般闪现，可当我发她微信时，发现我已经被她删除。问了一圈周围我和她共同的老朋友，他们说很早就发现他们已经被 Y 删除了。

时间不出我所料，她悄无声息地就溜了过去。我很早就融入新的班级，甚至结交到了胜过以往的朋友。渐渐地，就和那些老朋友很少再联系了，有时节日还会有问候，但大多数是一些礼貌的措辞。聊天记录里，这些尴尬的问候和以往掏心掏肺的畅谈形成了鲜明的对比。老朋友们都在新的班级找到了要好的朋友，他们一起过生日，一起去游乐园。一次想和老友分享个趣事，可去了他的班级，他和别人聊得正欢，我等了许久，他们也没有停下的意思，我就悄悄离开了。虽然老朋友们还是老样子，可他们本身确确实实变了。

我呢？怎么办？

我彷徨，我不知所措……

*

高一读了英文版的中篇小说《了不起的盖茨比》。这是一部美国名著，以尼克作为叙事者来讲述盖茨比和黛茜凋零般的爱情故事，揭露了20世纪20年代美国流行的冷漠和迷失。主人公詹姆斯·卡兹本自幼有着改变"农民"命运，成为大人物的梦想。长大后，他改名盖茨比，从而开启他新的人生。当盖茨比在军训营中任中尉时，爱上了长岛东卵的大家闺秀黛茜，然而当他出征带着功勋归来时，黛茜已经嫁给了富人汤姆。沉沦在爱情梦幻中的盖茨比不肯罢休，通过奋斗从军官蜕变为百万富翁。他在长岛西卵买下豪华别墅，与彼岸的黛茜隔海湾相望。最后盖茨比在尼克的帮助下，如愿和黛茜再见，他希望可以重温旧情。然而黛茜不再是他曾经梦想的那样了。当盖茨比刚醒悟不久，突然飞来横祸：黛茜开着盖茨比的车碾死了汤姆的情妇。盖茨比为了保护黛茜，主动承担了碾死汤姆情妇的责任。然而汤姆却利用权贵杀死了盖茨比。黛茜对盖茨比的牺牲无动于衷，人们在为盖茨比举行葬礼时，黛茜和她的丈夫已在去欧洲旅行的路上。

物是人非，人是会变化的，让我豁然开朗。

无论是因生病无奈将自己隐藏起来的Y，还是继续生活不再回首过往的老朋友们，都像是菲茨杰拉德笔下的黛茜，从一个收到情人盖茨比的回信就会在和汤姆的婚礼上大闹并拒婚的单纯少女，变成一个最后对盖茨比死讯不闻不问的冷酷少妇。黛茜在很多人看来都是绝情且拜金的女人，很多人也觉得盖茨比不值得为她付出生命，殊不知黛茜的可怜，她是婚姻的奴隶，因为她在门当户对信仰者的束缚下和汤姆定亲；她也是时间的奴隶，她也被世俗的观念同化，至少她已经习惯了和汤姆并不幸福的生活。她就算保有初心，但在陈腐的世俗舆论下，她根本无法想象"拾起旧情"的后果。她有了安定的家庭，有了孩子，她也不再年轻。很多人都曾经营"从零到一"的情谊，就像黛茜曾把盖茨比当作自己命中注定的人，就像我和老朋友，包括Y，在过去度过了特别幸福的时光。然而，所有的光鲜亮丽都敌不过时间，并且一去不复返。选择放下过去美好的时光记忆就是黛茜的最后决定，虽然这样的决定看起来很自私且冷漠，但她也无可奈何。黛茜希望她的女儿会是一个"美丽的小傻瓜"，或许只有这样，她的女儿才能够追求到属于自己的幸福，而不是像她一样迷失了自我，被时间逼进一个进退两难的困境。

*

黛茜十分厌恶西卵，这个由百老汇强加在一个长岛渔村上的没有先例的"胜地"——厌恶它那不安于陈旧的委婉辞令的粗犷活力，厌恶那种驱使它的居民沿着一条捷径从无到无的过分突兀的命运。在我看来，黛茜所说的"从无到无"指的就是"在追求中失去"。西卵从一个贫穷的渔村到一个新富区，是一个物质成就的实现过程。但在这样的"捷径"中，人们的精神世界并没有得到改善，甚至很多人利用拙劣的手段去追求他们所谓的美国梦，这样的腐败让他们丧失了原本的良知。虽然黛茜从头到尾都没有去批判盖茨比，但盖茨比确实也和西卵一样，他在寻找财富时迷失了自己本该走的路，迷失了像小时候记事本里所记录的那种命不由天的傲骨，留下的是对金钱社会的嫉妒；他在唤醒过去记忆的路上扭曲了对于真爱的理解，对黛西的爱变成了占有，最后淹死在时间的河流里。或许正是因为他的迷失，那盏象征着极乐未来的"绿灯"离他越来越远。

新学期，年级里转来了一些新同学，传言说他们中大多数都是获得奖学金的强者。同他们上了一段时间课，感觉他们确实很厉害，尤其是一些因特殊情况复读的同学早已了解很大一部分的知识，这使他们在课堂中就更加脱颖而出。我本是一些科目的佼佼者，他们的出现就"害"我名落孙山，每每回想起过往让我引以为傲的记忆，这让我的精神世界更加混沌起来。有人会说我狭隘，有人会批判我"好胜心过强"，但面对从山顶落到山谷的极大落差感我也无可奈何。照了照镜子，镜子里的已经不再是我的镜像，而是鲜血淋漓、头长犄角的恶魔，眼神里充斥着病变的嫉妒。我像发了疯一样找寻着如何回到过去的密钥。我和盖茨比一样都在努力追求着美国梦，这样的美国梦似乎本来就是不平等的。这辈子无论再怎么富有都没法征服那些拥有金钱的所谓的上流社会；我无论再怎么聪慧都无法在短时间内赶超那些已经有了丰厚知识积淀的复读生。若单纯是我去努力，我就会进步，然而在我努力的同时，更多强者在我的身边，开始和我竞争资源时，我的努力就不再那样显著。逐渐地，人就会丧失了以往的纯良，变得扭曲，变得迷失，从无到无。

读完了《了不起的盖茨比》，作者的笔墨让我身临其境，我在反思中也开始为时间流逝感到焦虑不安。人的一生不就是和时间进行漫长的拉锯战吗？至少我就是这样。盖茨比和黛茜的影子在我的脑海里不断交织和重叠，有时我会像黛茜一样被迫或是没有精力再去追忆过去，有时我会像盖茨比一样过分希望回到过去。尼克在书的最后留下了一句感叹："于是我们继续奋力向前，逆水行舟，被不断地向后推，被推入过去。"回到过去对于盖茨比和黛茜而言，就是回到他们相爱的时候。如果真的可以如此，这样的结局再美好不过了，可惜黛茜回不去了，盖茨比也无法回去了。回到过去对我而言，就是"挽留灿烂的友谊和成就"，可是我也回不去了。

我们现在的不懈努力，都是为了找回当初拥有过却稍纵即逝的美好事物，比如成就、爱情、友谊，等等。我们希望通过自己的坚持付出，能长久地拥有这美好的一切。可是当我们通过努力，不断实现物质上的富足时，不受控制地变得扭曲，逐渐忘却自己当初所要追求的美好事物，迷失在自私、嫉妒和彷徨之中。

就算如此，我们依旧会在湍急的时间河流里做出最后的挣扎，就像尼克说的："世界上只有被追求者和追求者，忙碌者和疲惫者。"我们在寻找时不断迷失，在迷失时继续寻找。

双鱼舞

房间的角落放置着一个鱼缸。鱼缸上布满了灰尘,玻璃内壁上也布满着淡黄色的水渍。这鱼缸像是一个破败的、被人遗忘的舞台,细密的蛛丝编织起忧伤的往事。

夏天

一段时间,我着迷爱上了金鱼。周末,爸爸答应成全我的狂热欲望。在去集市的路上,我兴奋得差点中暑。我躺在车后座的位置上,手指交叉在一起,模仿着金鱼游动的模样。脑海里盘算着要买什么样子的金鱼,要买什么颜色的金鱼。

集市里金鱼的种类繁多，有红白相间的红白草金鱼，有头顶橙色的龙睛金鱼。但最吸引我的是蝶尾金鱼，它们的尾巴就如同水里展开的绸缎。蝶尾金鱼还分蓝色和红色。若一红一蓝的金鱼一齐游，就好比两位京剧演员拖着红蓝两色的长衣，舞动着半透明的水袖。我果断做出了选择："我就想要红蓝蝶尾金鱼各一条。"老板说我幸运，因为这两条鱼是店里的最后一对蝶尾金鱼。他又说我不那么幸运，因为这两条鱼是被挑剩下的，它们年纪都大了，所以他准备低价卖给我。我那颗充满着热爱甚至亢奋的心啊，迫切地催促着我赶紧买下。在老板的推荐下还买下了长方体的玻璃鱼缸，他补充的理由是——鱼可以获得更充足的活动空间。

　　回家的路上，我一直盯着金鱼的一举一动，生怕它们出什么差错。阳光下，水波荡漾出更加美丽的光影。红色金鱼的鱼鳍闪烁着黄铜一样的光泽，而尾巴则更加柔和，像一片精致雕刻的金箔。蓝色的金鱼是一条公金鱼，它尾巴更加粗壮，黛蓝的颜色就好像镶嵌着宝石。它转身的时候，尾巴一摆，吓得我一哆嗦。

夏天刚开始,曾祖母因为生病在城里住院。她有很多儿女,每周都会有人轮流去送饭。这周是我们家,所以我和爸爸回家放完鱼缸就到医院去送饭,顺便趁周末有空探望一下曾祖母。

曾祖母在挂盐水,她好像刚醒,眼睛微睁。虚弱的身体似乎不足以支撑她发出响亮的声音,就抬手和我示意。我握住她的手,透过薄如纸的皮肤,我感到了血管的跳动。医生说曾祖母没什么大碍,只是老人都会得的病,过一阵子就会好。几个姨婆开始把洗净的餐具拿出来,又打开一侧遮阳的卷帘,我才看到曾祖父也在。正在我好奇曾祖父怎么也从很远的乡下到医院来住,爸爸先问舅婆:"为什么外公也大老远跟着来医院?"曾祖父刚想解释,姨婆们抢答:"他就是一个人太寂寞了。"

风扇发出吱呀吱呀的声响盖不过青衣念白的声响。医院的电视机里放着曾祖父母一直很喜欢的京剧,那明亮的蓝色和红色伴随着云锦一般的纱在翻腾舞动。曾祖父微微笑笑,脸上的皱纹是沟壑的山脉,脸颊夹杂着汗水。

秋 天

虽然是两条年迈的金鱼，但它们都是闪闪发光的。每次欣赏它们的舞蹈，我总是会想到玛瑙、翡翠、水晶和琥珀，但可惜没有一样珠宝可以和它们媲美。

我每天都会在早上上学前的五分钟给金鱼喂食。百科全书说"金鱼没饱食神经中枢，感受不到饱腹感"，所以每次我都是精心控制鱼食的多少。好几次上学都要迟到了，我还是不紧不慢给鱼喂食，最后被妈妈数落了一顿。

我每天放学的第一件事也变成了给金鱼喂食。红金鱼本就吃得不多，最近看起来吃得更少了。每次撒下食物，它都是无力地漂浮着，眼睛是昏暗无光的。它嘴里吐着泡泡，就好像氧气殆尽一般。很久的停滞和小憩，它的舞姿不再有当年的风姿，红色金鱼只能跟随着蓝色金鱼的节奏去跳跄跄的舞蹈。这让我不由得紧张，所以我一到周五放学就去向老板咨询金鱼到底发生了什么。他问我有没有及时换水，我说"是的"；他问我有没有及时喂食，我说"是的"；他问我有没有让金鱼远离曝晒，我说"是的"。老板说这可能是秋天气候的问题，也可能单纯就是鱼老了吧。

曾祖母出院了，医生说没什么大问题，体检报告都是不错的，生的病都是一些"老年人的病"。不可避免。毕竟曾祖母已经八十多岁了。曾祖母停下了手中的农忙，她不像以往还要忙碌整理秋收的果实。在舅公姨婆去上班的时候，曾祖父就全职照顾曾祖母。

她想要去哪里，他都会陪着。他们跨过麦田，路过桥边，更多的是静坐在屋里一声不吭。听姨婆们的回忆，曾祖父每晚睡前都会开收音机放一段京剧来帮助曾祖母入睡。曾祖母累瘫在床上，曾祖父为她做饭；她身体不适，他陪她去盥洗室。她嫌药苦，他就偷加一勺糖，怕会削弱药效，就多加半碗水，把苦味冲淡到微风拂过的平静。曾祖母生病后行动变得缓慢，很多时候都躺在院子里晒太阳，曾祖父就坐在长椅上陪着她。一次我带上了金鱼，想要向大家炫耀它们的美丽。曾祖母说曾祖父更喜欢乌龟，因为乌龟寿命长，是个长命百岁的吉祥象征。曾祖父还说听过一个传言——金鱼会殉情。一旦一条金鱼死了，另一条就会孤独忧伤，最后也游入天堂。

我质疑说道:"金鱼不是只有七秒记忆吗?"

冬 天

自从家里开了暖空调,鱼缸的表面会有一层水雾。

有人说南方下雪了。南方的雪被人视作珍宝,不是因为它多宝贵,而是它太稀有。我的身体失去了控制,放下了正在换水的鱼缸,跑去楼下看雪,看着漫天的大雪兴奋不已,目光舔舐着这雪白的天地。过了很久,直到我的皮肤被冻得通红,这才想起金鱼们。

我又匆匆赶上楼,看到妈妈在拖地。我脸红一阵,因为我意识到忘记关水龙头。妈妈说红色金鱼随着溢出的水落到地上。妈妈帮我把金鱼重新安放在鱼缸里,她觉得红色金鱼受伤了。我仔细看了看,红色金鱼的鳍摆动的幅度非常缓慢,好像濒死的钟摆。我把手指伸入鱼缸,试图让它动起来。

大雪依旧,甚至伴着点雾霾。爸爸接到了一通电话,电话那头哭得迷迷糊糊的,就和大雾天的空气一样。是沙哑的、厚重的,喘不过气的。我努力拨开小且模糊的声音,发现是奶奶的声音。爸爸妈妈拎出家里深色的衣服，让我赶紧穿戴好。

曾祖母去世了。

雪花里开着一朵朵葬礼上佩戴的白花。葬乐和哭啼是冬风的伴奏吗？我一向害怕死亡，害怕葬礼，害怕棺材，害怕纸花，只是捂着眼睛在门口偷看一眼，就逃到了雪地里，眯着眼远远地看着屋内昏黄的灯光，堵不上耳朵，只好任凭悲伤的声音撞击耳膜。奶奶和姨婆们瘫软在棺材旁边，哭声撞击着棺材，就好像水击打着玻璃的声音。她们急促的喘气呼出的暖气在棺材的表面蒙上了一层雾气，一侧烟雾袅袅的烛台散发着熏香，整个房间就好像中国神仙居住的宫廷。笃笃笃，是僧人敲打着木鱼，也是水滴的声音。

曾祖父坐在屋檐下的椅子里，看不清他的脸，没有力气哭泣，不像奶奶那样撕心裂肺。他颤抖的手扶不住拐杖，啪嗒，拐杖摔落在落了雪的地上。远处又驶来很多车辆，在阴沉的天气里闪烁着否极泰来似的灯光。我看见人流陆续走进灵堂跪拜，有人扶着曾祖父走进灵堂，人们围着棺材转起圈来，这是家乡葬礼的风俗。远远就可以听见曾祖父粗犷而又沙哑的呜咽，就好像大火燃烧木柴时爆裂的响声。我很害怕，很担心，很伤心，冲进了记忆的浪潮和曾祖父母那些给我快乐的记忆就好像巨浪把我吞噬，让我呛得流泪。

曾祖母穿着暗红色的衣服，衣服上有金色的花纹闪烁着。曾祖母还佩戴了白色的耳环，化上了淡雅的妆容。爸爸说曾祖母走得很安详。我歪着头看着窗外的雪逐渐变成雨，玻璃上的雨水和雾气把车子变成了一个鱼缸。

红色金鱼漂浮在水面上，蓝色金鱼徘徊在它的四周，画着一道一道不规则的圆形。好比另一场葬礼。

春天

曾祖父过年后总是说脑袋晕胀。

蓝色金鱼比起以往显得暗淡无光。

曾祖父拒绝待在伤心的屋檐下面。

蓝色金鱼总是把自己沉在鱼缸的一角。

大家都说它生病了。

我去找了鱼店老板，家人找了医生。

他们说："这是老了的通病。"

它是老了，但记忆可不止有七秒。

它那幽灵般的天蓝色鱼鳍随着他的心跳而跳动，有时因惊讶而明亮，有时因恐惧而沉闷。

曾祖父家里只剩一个人，枕头只留下一个，吃饭只有一双筷子，只有一个身影……什么都少了一半，只有墙上多了一张穿着暗红衣裳的照片。

孤独。

初春的惊雷又是一阵阵哭泣。医院说这是突发的疾病。那间房子里又是一片片白花。等白花散落了，房间空荡荡的。舅公和姨婆们整理出房间里陈旧的家具，他们掸去收音机上的灰尘，放在杂物间里。午后的阳光透过摇曳的树枝洒在安静的老宅里，那些斑驳的、晃动的影子就好像鱼缸里浮动的波光。

回到城里的家里，我带上蓝色金鱼去了鱼店老板那里。鱼店里新来了很多蝶尾金鱼，有红的，也有蓝的。它们就好像身着华服的京剧舞者翩翩起舞，是那么浪漫，是那么自由，是那么坚贞，是那么迷人。阳光透过鱼缸照射在它们的身体上，散发着比玛瑙、翡翠、水晶和琥珀还要迷人的颜色。我偷偷把蓝色金鱼放进了鱼缸里，它开始还是有些陌生，在鱼缸的入口张望着，后来，就向鱼群游去。数十条鱼来回游动，直到我也分不清楚它是哪条了。

  金鱼们吐出的泡泡就像一串珍珠，碰撞时发出清脆的声响，宛如京剧的落幕的念白。不久，泡泡开始破碎但依旧回荡在我朦胧的记忆里。

笑纳人间烟火

小的时候，喜欢天马行空，有着无数天花乱坠的梦想。曾想过探索出一个电脑人脑一体报时器，就可以让我永远不迟到；曾决心发现一颗遥远的小行星，并以我的名字命名；曾幻想过破解一个甲骨文字，或许就能帮助破解古老的秘密；也曾随口说要写一部回忆录，主要是用来分享很多一言难尽的故事。

小学时，还在"看图写话"时，一次把作文题目抄错了，"鲜红的太阳"写成"鲜活的太阳"，并肆意发挥，太阳公公活灵活现了……歪打正着，被老师表扬为"颇有新意"。从那时起，我便喜欢起写作。后来，又在姐姐的熏陶下，爱上了散文，我总是偷偷从她的书柜里挑出一两本书名好听的书，带回家看。看到了一些沁人心脾的语句，我就像保护玉佩一样把它们藏在心窝里。有了兴致，我就模仿着优美的句式编一些自认为不错的文字，并拿给妈妈看。妈妈每次都会说很喜欢，她看了经常流泪，说是被文字里的故事触动到了，于是她便成了我第一个忠实读者。

妈妈总说我是个伶俐的孩子，八个月就会背诗。自从看了张爱玲的《天才梦》，我也就得了愈加严重的"天才幻想"。小学的时候，虽然年纪小，不明白什么学习方法，学习有些跌跌撞撞，但成绩不错，每次期末都有小小的成就。在小城的人际圈里，每个人似乎都认识，在小孩子的视野里，人与人之间的关系也是简单纯粹的。再加上家人老师的庇护，除了犯错时被妈妈追着打，就再没受过什么伤害。

不知哪一天，我写了第一首小诗，取名《似水流年花落去》。于是，《笑纳人间烟火》有了雏形，书的内容正是我的似水流年，还有身边一些琐事。这是当时我对烟火的理解。

快上初中那一会儿，我走出家乡，坐在家里最老旧的红色轿车里，徘徊于上海的街区。上海真是一个繁华的城市，"人杰地灵"似乎就是为上海量身定制的词语。

在妈妈好友的介绍下，有幸认识了上海青年画家孙志奎先生，他留着不短的头发，双眸在阳光下泛着棕灰色的光，就好像来自油画。孙老师夫妇俩身上都有一种木质的芬芳，衣着呈素色。上课的地方在一间别墅里，里面到处是他的画作，到了顶层阁楼的部分，就可以看到一方被照亮的、放置石膏雕塑的小桌子。树影婆娑起舞，旋律是电台的音乐，最常听到的是王菲的《匆匆那年》。夫妇二人虽然话不多，但眼里都是热情，这热情不会炙热轻浮得泛着油光，而是百合花盛开的那种热烈，芳香，淡雅。

后来又认识了控江路的周老师，是个年轻的国学爱好者，仅仅是第一节课，我就见证了什么叫作"腹有诗书气自华"。他可不是刻板的老监生，也不是什么熬心灵鸡汤的；他实实在在地阅遍《古文观止》、"四大名著"等国学经典，去糟粕与陈腐，留精华与智慧，将辽远的中华文明反射在今朝，深刻在人心。他就这样穿着一身唐装，教会了学生辩证学习的好方法，同时也让人享受了完美善意的小温暖。

但大师终究也是普通人。人们总是觉得艺术和金钱的关系是非常敏感的。为了生计，画作也会进行售卖，与金钱相联系，但艺术家并不全然是为了金钱而去作画，更多人相反是为了梦想和热情。鸿儒雅士也不全是粗茶淡饭，或只以书为食粮。他们也会抽烟喝酒，也喜欢在大排档点一壶酒，看看人来人往，喧闹嘈杂。原来，烟火气并不只属于大众，烟火气也不代表世俗，而是真实。

初中时走出了温室，没了熟人的庇护，我看到了真正的世界。面对着真实的世界，我惊慌失措。不是所有真实的事物都是友善，比如自己没有想象中那么优秀就是非常残酷的。

长大后，学习压力越来越大，要独立处理的人际关系越来越多。有时为了存活于社会，只好唯唯诺诺压低了身子成为一个从众的人，不断把自己雕刻成社会所希望的样子。若是碰到了命中注定的友人，那真是再幸运不过了，因为他们善解我意，我终于可以毫无遮拦地绽放自己，把灵魂释放出来，解开枷锁。就算这样，我们还要考虑"度"与"距离"，据说这样才能维持友谊。除了好人，无论在哪里总会有志趣并不相投的人，有些人尖酸刻薄，有些人傲慢无礼。也不是所有人都可以包容我歇斯底里的哭泣，不是所有人都能理解我的我行我素。我逐渐感到矛盾，经常很向往过去，那个"狭小"的童年，那个"初生牛犊不怕虎"的童年，那个说错话有"童言无忌"救场的童年，那个处处包容、肆无忌惮的童年。但伴随着时间流逝和好心人的启迪，我发现，那些形形色色、各不相同的人，即使不全是我所喜欢的，甚至有些把我推进了潮湿的阴影里的人，最后也成了我的引路人。像一个带有风雨和彩虹的关卡，危言耸听地伫立在我的记忆里，提醒着我应当坚持不懈，不应妄自菲薄。

跌倒后，就站起来。开心了，就大笑起来。有空，拿起笔，记录着身边星星点点发生的事情。或许，我早已敞开心扉，早已面朝大海，喊出春暖花开；早已由天花乱坠的梦中惊醒，看见绿肥红瘦的真实。真实没有错，理想也没有错，真实和理想并不冲突，两者也像星星忽明忽暗闪烁在成长的路上。

庄子《逍遥游》有云，不食人间烟火，非俗人也。可我对于人间烟火的定义并不相同，烟火气可以是形容我童年朴实的小城生活，也可以看作大师与普通人共鸣的真实感，更可以理解成不拘一格、形形色色的世界。我就生活在这平凡却也独特的烟火中，有时疾恶如仇，甚至锱铢必较；有时又善于妥协，宽容体谅；有时粗犷，有时精细。

我选择笑纳百川，笑纳身边平凡的快乐，笑纳身边琐碎的烦心事，也笑纳普普通通却也有雄心壮志的自己。珍惜脚下的烟尘，忘却离我们逐渐遥远，或绚烂或悲切的往事，怀揣着童年天花乱坠的梦想，走在一条实实在在的路上，抬头看向远方大漠孤烟的尽头，那颗等待我们到达的璀璨星辰。

时 — 光 — 留 — 影

上海 浦东　Canon 80D 相机 18-135mm 镜头

内蒙古 满洲里　Canon 80D 相机 18-135mm 镜头

内蒙古 满洲里 Canon 80D 相机 18-135mm 镜头

内蒙古 满洲里　Canon 80D 相机　18-135mm 镜头

内蒙古 满洲里　Minolta α5 相机 28-80mm 镜头

满洲里 北湖公园　Canon 80D 相机 18-135mm 镜头

内蒙古 满洲里 Canon 80D 相机 18-135mm 镜头

内蒙古 满洲里　Minolta α5 相机 28-80mm 镜头

满洲里 婚礼宫 Canon 80D 相机 18-135mm 镜头

满洲里 婚礼宫　Canon 80D 相机 18-135mm 镜头

满洲里 二卡　Canon 80D 相机 18-135mm 镜头

满洲里 二卡 Minolta α5 相机 28-80mm 镜头

满洲里 二卡 Sony α6000 相机 18-105mm 镜头

内蒙古 满洲里 Minolta α5 相机 28-80mm 镜头

内蒙古 满洲里　Minolta α5 相机 28-80mm 镜头

190　　江苏 启东　Sony α6000 相机　18-105mm 镜

江苏 启东 Canon 80D 相机 18-135mm 镜头

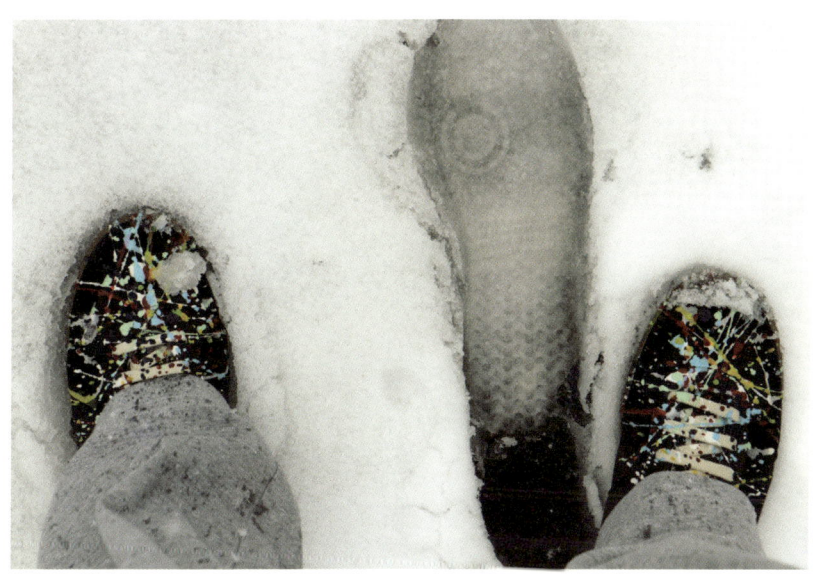

美国 国会图书馆　Sony α6000 相机　18-105mm

美国 马里兰州　Minolta α5 相机 28-80mm 镜头

美国 格里菲斯天文台　Canon 80D 相机 18-135mm 镜头

美国 林肯纪念堂　Canon 80D 相机 18-135mm 镜头

美国 华盛顿纪念碑　Canon 80D 相机 18-135mm 镜头

英国 泰晤士河畔　Canon 80D 相机　18-135mm 镜头

英国 伦敦　Canon 80D 相机　18-135mm 镜头

英国 伦敦　Canon 80D 相机 18-135mm 镜头

菲律宾 薄荷岛 Canon 80D 相机 18-135mm 镜头

菲律宾 宿务　Canon 80D 相机 18-135mm 镜头

上海 松江 Canon 80D 相机 18-135mm 镜头

上海 杨浦 Canon 80D 相机 18-135mm 镜头

江苏 启东　Canon 80D 相机 18-135mm 镜头

上海 宝山　Minolta α5 相机 28-80mm 镜头

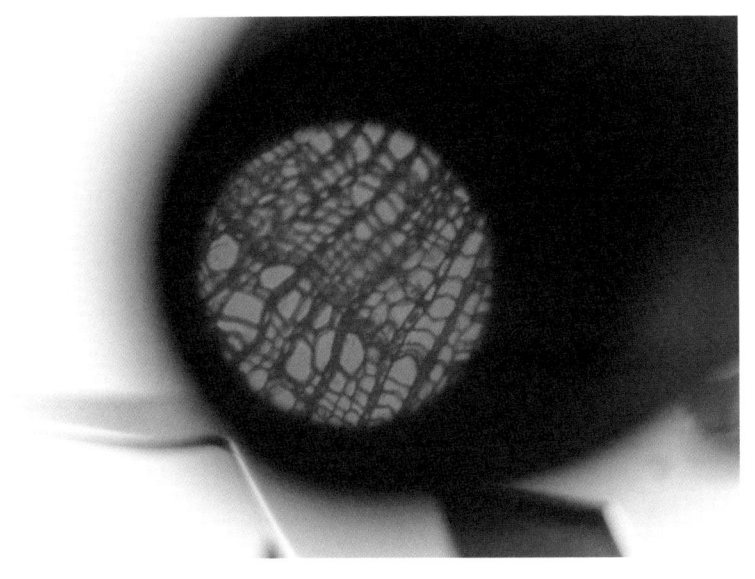

上海 宝山 Canon 80D 相机 18-135mm 镜

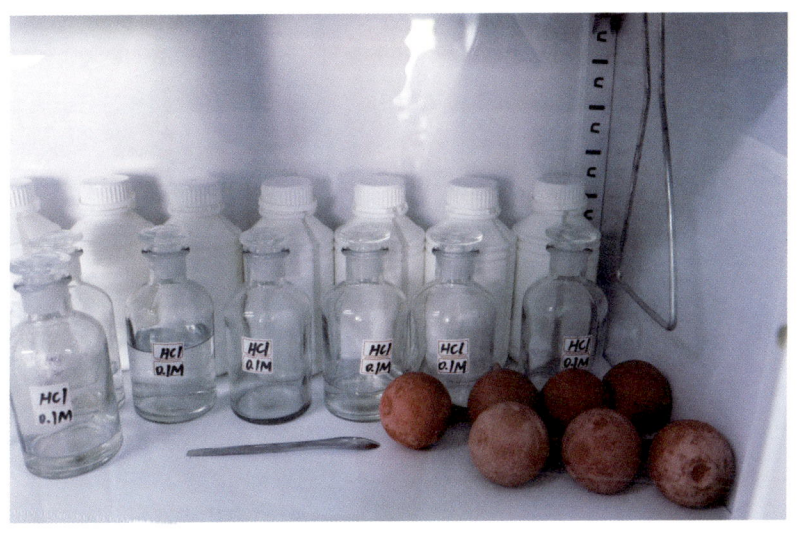

上海 徐汇　Sony α6000 相机 18-105mm

上海动物园　Canon 80D 相机　18-135mm 镜头

上海动物园　Canon 80D 相机 18-135mm 镜头

上海动物园　Canon 80D 相机　18-135mm 镜头

上海动物园　Canon 80D 相机　18-135mm 镜头

澳门半岛　Canon 80D 相机 18-135mm 镜头

澳门半岛　Canon 80D 相机 18-135mm 镜头

澳门半岛　Canon 80D 相机　18-135mm 镜头

澳门半岛　Canon 80D 相机　18-135mm 镜头

澳门半岛 Canon 80D 相机 18-135mm 镜头